Les oignons crus

Catherine Barneron
avec Franck Ferrand

Les oignons crus

Récit

L'histoire rapportée dans ce livre est vraie, les personnages sont authentiques, les événements réels. Toutefois, la plupart des noms de personnes et de lieux ont été modifiés.

Cette édition de *Les oignons crus*
est publiée par les Éditions de la Seine
avec l'aimable autorisation des Éditions l'Archipel

Avant-propos

Dans mon Sud, quand les taureaux sont lâchés, la population se masse le long des artères de la ville. Les gens aiment sentir le sol trembler sur le passage des bêtes, ils crient leur estime aux manadiers et respirent la poussière en riant. On appelle cet événement un *abrivado*. Un matin de mai 1993, dans les rues de Nîmes, huit taureaux de Camargue furent ainsi lâchés, guidés par des cavaliers armés de piques. Tandis que la horde atteignait le boulevard menant aux arènes, une femme se détacha du public et, indifférente aux rappels à l'ordre, prétendit lui barrer la route. Un premier cavalier réussit à l'éviter, mais le suivant se montra moins habile : la malheureuse fut projetée au sol et piétinée par deux chevaux qui hennirent et se cabrèrent devant la foule sidérée. Un homme se précipita pour tenter de relever l'imprudente et, pendant que le troupeau s'éloignait, il la porta jusqu'à une ambulance qui la conduisit à l'hôpital. Les secours devaient trouver quatre grammes d'alcool dans les veines de la blessée, qui prétendit pourtant n'avoir bu qu'une bière. Quatre grammes... Une ivrognesse. La nouvelle de l'accident fit le tour de la ville et entacha le début de la féria. Il se trouve qu'elle me concernait d'assez près, car l'ivrognesse était ma mère.

Atteinte aux jambes et à la colonne vertébrale, Suzanne resta près d'un mois à l'hôpital. J'ai précisé qu'elle était ma mère et pourtant, comme une étrangère, je l'appelle par son prénom. Suzanne. Pendant des années, cette femme m'a torturée, moralement et physiquement. Je reviendrai sur les sévices dont elle a accablé mon enfance ; il suffit d'en être averti pour apprécier toute l'ironie de la situation : après l'accident de Nîmes, en effet, alors qu'elle se trouvait dans un fauteuil roulant, je fus la seule, parmi ses enfants, à lui proposer de l'aider. Elle accepta. Cela ne m'a pas étonnée : en dépit de sa haine à mon égard, c'est à moi qu'elle a toujours eu recours dans les passes difficiles.

Ainsi Claude, mon mari, m'aida-t-il à ramener chez nous la convalescente. Il avait posé comme condition au séjour de ma mère qu'elle ne se saoûle pas à la maison, or les quelques semaines passées à l'hôpital l'avaient provisoirement détournée de la boisson. Suzanne prit chez nous ses quartiers. Elle se coula dans nos habitudes, se montra aimable avec les enfants, ne manifesta nulle impatience quant à son infirmité. Pour autant, elle ne fit preuve d'aucune chaleur. Sa discrétion était même irritante et son silence devenait chaque jour plus pesant. Pour un peu, nous aurions eu l'impression d'héberger une femme anonyme, renfrognée, arrivée chez nous par hasard.

Cette froideur chagrinait peut-être Claude ou mon fils, elle ne m'atteignait pas. Il y avait trop longtemps que j'avais renoncé à l'affection de Suzanne. Néanmoins, je demeurais attentive à son humeur car, en la conviant à venir passer quelque temps chez nous, je nourrissais certaines arrière-pensées. Depuis des années, en fait, je guettais le moment propice pour engager avec elle une conversation d'adultes, sans faux-fuyants. Et voilà que se présentait l'occasion ! Enfin ma mère était chez moi, sobre et immobilisée – et je l'avais à ma merci des heures entières. Enfin, nous allions pouvoir nous expliquer.

Pendant de nombreuses journées, je ne sus trop comment m'y prendre. Je lançai de timides allusions au passé, qui retombèrent piteusement. Je posai à Suzanne des questions maladroites qu'elle n'eut aucune peine à écarter d'un geste... Et je dus attendre la veille de son départ pour oser franchir le pas. Cet après-midi-là, à sa demande, j'avais installé son fauteuil roulant au salon, dans le coin le plus sombre de la pièce. L'obscurité ne paraissait pas la gêner dans le travail au crochet qu'elle avait entrepris (« un napperon pour toi », m'avait-elle expliqué). Je m'assis au bord d'un fauteuil tout proche et lui demandai d'emblée :

– J'aimerais que tu me dises qui était mon père.

Elle cacha au mieux sa surprise et se contenta de répondre :

– Qu'est-ce que ça peut bien faire ?

Le dialogue s'annonçait difficile. Je pris une lente inspiration et m'apprêtai à repartir à la charge, quand sa voix pâteuse m'interrompit :

– Tu poses trop de questions...

– Je sais que ce n'est pas Parodeau.

– Bien sûr que ce n'est pas Parodeau ! Parodeau t'a donné son nom, rien de plus...

Cette confirmation m'encouragea, sans m'émouvoir : j'ai toujours su que l'homme qui m'a reconnue n'était pas mon vrai père. Dany Parodeau a seulement eu le tort d'être le mari de Suzanne au moment de ma naissance... Sans que j'aie besoin d'insister, elle reprit toute seule :

– Ton père s'appelle Olivier Magre. C'est un des fils de la Caro, ta marraine.

Surprise : le morceau était venu sans forcer. Je demeurai silencieuse, prenant la mesure d'une telle révélation.

– Tu veux dire que c'est Olivier, celui de l'accident ?

– Quel accident ?

Je me rappelais être allée à l'hôpital, toute petite, rendre visite à un certain « oncle Olivier », victime d'un accident de voiture. Son état était des plus préoccupants et il avait fallu demander une dérogation aux religieuses pour que l'enfant que j'étais alors puisse se rendre à son chevet. Ma marraine ne m'y avait conduite que parce que j'y tenais vraiment : j'aimais beaucoup cet oncle.

Je répétai tout bas :

– Olivier, le fils de Caro...

– Tu te souviens de lui ?

– J'ai oublié son visage...

– Il était très beau.

– Comment est-il devenu mon père ?

– Tu m'en demandes trop, Catheline.

Suzanne avait repris son ouvrage au crochet et paraissait s'être détournée de notre discussion. Sentant que je n'obtiendrais plus rien de front, j'attaquai de biais :

– Tu l'aimais, toi, Olivier Magre ?

– Moi ?... Oh oui, je l'aimais !

Un silence, puis en relevant la tête :

– Je crois même que c'est le seul homme que j'aie vraiment aimé. Je l'ai aimé tout de suite. Je ne l'avais vu qu'en photo et je l'aimais déjà !

D'un geste rapide, elle balaya l'espace devant elle.

– C'est sa mère qui m'a poussée vers lui. Forcément... Elle voulait à tout prix que je couche avec son gamin... Garce de Caro !

En un instant, les yeux de Suzanne avaient repris cet éclat fébrile que je leur avais autrefois connu. Je voulus défendre ma marraine :

– Moi je l'aimais bien, Caro...

– Une salope, oui, voilà ce qu'elle est.

– Et... Ça s'est passé comment, avec Olivier ? Tu l'as donc rencontré...

– Évidemment ! Puisque je te dis que sa mère a tout fait pour me jeter dans ses bras... A l'époque, Caro et son mari étaient mes voisins de palier... Bref. Parlons d'autre chose.

Je désirais tellement en savoir davantage ! Je tâchai une fois encore de la relancer :

– Et la grossesse ? Ça s'est passé comment ?

Suzanne me dévisagea une seconde, pendant laquelle je sentis frémir en elle cette incroyable haine qui l'avait parfois conduite à tenter de me tuer.

– Ça s'est passé... comme une grossesse normale. Qu'est-ce que tu veux que je te dise ?

– Je ne sais pas. Ce qu'en pensait mon père, par exemple...

– Au début, ton père n'était pas là. Il était militaire à l'époque... La guerre d'Algérie ! Il ne venait que pendant ses permissions. Et par la suite, il s'est marié...

Le silence s'instaura. Je nous sentais tendues. Apercevant mon chat sur le rebord de la fenêtre, je me levai pour aller lui ouvrir. Diversion bien naïve et qui ne parvint pas vraiment à dissiper le silence. L'attitude de Suzanne trahissait la plus grande agitation : elle avait lâché son ouvrage et, tournant les paumes vers le haut, frottait ses doigts les uns contre les autres comme une vieille folle.

Le flot d'émotions qu'avait fait resurgir en moi cet échange m'empêchait de reprendre la parole. Il me fallut plusieurs minutes avant d'articuler un mot.

– Pourquoi ? ai-je alors demandé.

– Pourquoi quoi ?

– Pourquoi toute cette haine contre moi ?

Je pensais qu'elle allait nier la chose d'une façon ou d'une autre. Mais non.

– C'est physique, répondit-elle. J'ai toujours ressenti le besoin de te faire du mal. C'est comme ça, je ne peux pas vraiment l'expliquer. Quand je te vois, il me vient aussitôt des envies de meurtre.

J'étais trop émue pour réagir. Elle continua :

– Je ne peux pas te dire ce qui fait que je t'en veuille autant... Tu me fais tellement penser à ton père ! Tu lui ressembles à un point ! Je regrette, Catheline, mais c'est vrai, je n'ai jamais pu te supporter. Ce n'est pas faute d'avoir essayé : souvent, je me suis efforcée de t'aimer... Mais c'était impossible. Ta seule présence m'a toujours rendue malade de colère.

– Malade de haine.

– De haine, oui.

Une question me brûlait les lèvres :

– Et... maintenant ? Tu me hais toujours autant ?

– Oui, ça n'a pas changé.

Un long silence, puis :

– Je suis désolée, c'est comme ça.

Sa franchise me désarçonna. J'avais prévu de revenir sur certains points du passé, mais il me fallut du temps pour retrouver mon calme. Enfin, je lançai l'offensive sur un autre front :

– Je voulais te parler de Maupin...

– Quoi, Maupin ?

– Tu ne te rappelles pas ce qu'il me faisait ?

– Si.

– Et alors ? Tu justifies ça comment ?

– Qu'est-ce que tu veux ? Tu passais ton temps à l'allumer...

Cette dernière phrase me cloua sur le fauteuil. Tant d'injustice mêlée à tant de jalousie ! Je répondis quand même, d'une voix étouffée :

– Mais j'avais six ans ! J'étais une petite fille de six ans !

– Oh, Catheline, là, tu te montes la tête.

– Je me monte la tête ? Je me monte la tête ?

Suzanne baissa les yeux et bredouilla quelques mots sur le respect des morts et le danger de remuer les vieux souvenirs. Je lui rétorquai que pour moi, cette époque était encore très présente. Mais elle ne voulut rien entendre. Je l'accusai, j'accusai Maupin – elle réfuta tout en bloc, sa mauvaise foi pouvant se montrer aussi brutale, en certaines circonstances, que sa franchise. Dès lors, la confrontation s'éternisa, mais en vain. Il n'y avait plus, dans la pièce ombreuse, que deux femmes écorchées, une jeune avide de revanche et une vieille fermée aux reproches.

De lointains souvenirs m'assaillaient par bribes. Ils remontaient à mon passé le plus enfoui – à une époque où je ne voyais Suzanne que de temps à autre et sans qu'on m'ait seulement encore dit qu'elle était ma mère. Je la revois me forcer à jouer au toboggan avec son fils Didier, sur une planche dont dépassait un clou qui me blessa au genou. Je la revois, par un soir noir et froid, se battre avec un homme qui doit être Parodeau. Je suis dehors, croquant dans un morceau de sucre et une tartine de pain, le poste de télévision passe par la fenêtre et vient s'écraser deux étages plus bas... Je me retrouve un autre jour, à la main un marteau carré comme une petite masse, m'approchant sans faire de bruit de Didier pour lui en asséner un coup sur l'arrière du crâne. Le sang gicle de façon spectaculaire et l'on doit le conduire à l'hôpital : huit points de suture, je crois...

Une idée finit par s'imposer à moi : mes années terribles avaient trouvé leur source dans mon passé le plus ancien – dans ma préhistoire, en quelque sorte. Or, j'avais emmagasiné assez de souvenirs pour tenter de démêler moi-même l'écheveau compliqué de mes origines. Il suffirait qu'on m'aide un tant soit peu et que des témoins pas trop malveillants veuillent bien me mettre sur la voie... Le fil serait ténu, je le savais – mais je m'emploierais à ne pas le lâcher.

Je finis par laisser Suzanne se reposer. L'affrontement avait été d'autant plus fatigant pour elle que l'alcool devait lui manquer. Elle ne me regarda pas sortir de la pièce. Ce soir-là, aucune de nous deux ne refit allusion à ce duel singulier.

Je ne reçus jamais le napperon au crochet.

1

Comment évoquer le climat dans lequel baigna ma petite enfance ? Il y faudrait le talent de mon parrain Gabriel. Lui n'avait pas son pareil pour planter un décor et camper des personnages. J'entends encore sa voix atone de bon nounours murmurer à mon oreille des histoires de fées, de clowns ou de petites poules rousses... Pour l'écouter, enfant, je me lève souvent avec le soleil et trottine dans la maison silencieuse jusqu'à la chambre du fond. La porte en est restée entrouverte et je n'ai qu'à la pousser pour me couler dans la pénombre où ronflent encore Gabriel et Caro.

– Tiens, tiens, grogne le parrain en émergeant du sommeil. Qu'est-ce que j'entends ?

Pour moi, c'est le signal : je grimpe d'un bond sur le lit capitonné, j'escalade, en pouffant de rire, les creux et les bosses de l'édredon. Ma marraine s'insurge pour la forme :

– Il n'est que cinq heures, Gabriel. La petite n'a pas assez dormi.

Lui me fait signe d'approcher en silence et soulève le drap pour que je vienne me glisser dessous. Puis il saisit sur l'étagère, à la tête du lit, un de ces recueils fabuleux où les conteurs puisent leur inspiration. Je connais bien celui qu'il a choisi ce matin : un gros ouvrage doré, illustré de puzzles à reconstituer.

« Il était une fois trois petits ours qui se promenaient dans la forêt... »

A mesure du récit, Gabriel brode, dérive, escamote à l'envi. Il parcourt le texte d'un œil et de l'autre jauge l'auditoire. Au premier bâillement, il conclura d'une pirouette, reposera l'ouvrage sur son chevet et chuchotera pour épargner Caro, qui voudrait bien finir sa nuit :

– On fait le petit train.

En voiture ! Je me couche alors sur le côté et il imite le bruit de la locomotive, sans doute pour me bercer... Mais je ne m'endors pas. Je pense au conte, au livre – au puzzle surtout, qui est mon jeu préféré... Dans mon dos, le sifflet du train annonce l'arrivée prochaine en gare. Je n'attends même pas l'arrêt pour sauter à bas du lit.

Il est comme ça, mon parrain : toujours prêt à jouer. Parmi les adultes que je connais, il est le seul qui sache se mettre à genoux pour me parler à bonne hauteur. Tout l'amuse.

– Ce matin, lance-t-il en ouvrant le portillon sur la rue, je vais à la chasse. Qui veut m'accompagner ? Toi, Cacate ?

Je m'appelle Catheline, mais pour lui, c'est « Cacate »... Dans le garage nous attend une Mercedes bleu nuit. Quelques manœuvres – histoire de faire gronder le moteur – et nous voilà filant vers Arles, le soleil dans l'œil.

– Tu veux voir le chantier, chérie ?

Mon parrain est entrepreneur de travaux publics. Chaque fois qu'il le peut, il m'emmène avec lui dans ses tournées d'inspection. Je me laisse facilement exalter par le bruit des bétonnières et des marteaux-piqueurs. Gabriel n'est pas commode :

– Dites-donc, les gars, j'ai l'impression que ça n'avance pas fort !

– On mollit pourtant pas !

– Encore bien ! Je ne te paie pas pour te tourner les pouces !

J'apprécie que mon parrain rudoie les gars. Ça me donne le sentiment d'être importante. Quand je serai grande, je dirigerai des chantiers, moi aussi. « J'ai l'impression que ça n'avance pas fort... » Gabriel Bontemps est un roi – ne me présente-t-il pas à tous comme sa princesse ?

– Elle est pas mignonne, ma Cathelinette ?

– Aussi belle que son parrain, pechère !

– Te moque donc pas, toi, là-bas !

L'ouvrier ne se moquait pas même si, dans son dos, il appelle mon parrain « la Cèpe », à cause de sa corpulence... ou de son appétit. Gabriel et moi poursuivons notre tournée des chantiers, des grossistes et des cafés.

– Un diabolo-grenadine pour la petite et mon pastis, patron !

Juchée sur un haut tabouret de bar, je joue avec des pailles publicitaires. Mon parrain m'en fauche une, déchire à un bout le papier qui la recouvre et, soufflant dans la paille, fait voler la fine enveloppe loin dans la pièce. Je m'y essaie à mon tour et mon papier s'en va plus loin que le sien.

– Patron, tu me feras ma note !

Il sort de la veste de son costume une épaisse liasse de billets – « jamais de chèques, Cacate, toujours des espèces » – et cligne de l'œil dans ma direction :

– On va voir ce qu'on peut trouver comme gibier ?

Le chemin me paraît long jusqu'à la maison. Avant de descendre de voiture, je m'arc-boute sur l'insigne à trois branches, au centre du volant : le ciel retentit d'un grand coup de klaxon italien. Nous passons par le garage pour rentrer, non sans faire une halte devant deux grands congélateurs :

– Qu'est-ce qu'on tire, aujourd'hui ? Faisan ou lièvre ?

– Un... faisan ! Non, un lièvre !

Gabriel soulève en riant l'un des couvercles :

– Pan ! fait-il.

Et il dépose dans mes bras le long gibier dur et glacé.

*

Le jour où mon mari me proposa de m'aider à élucider les mystères de mon enfance, je sus que commençait pour moi une épreuve d'un genre nouveau : j'allais devoir me confronter à des vérités jusque-là bien celées. Claude se posait les mêmes questions que moi, mais il les formulait dans le bon ordre :

– Premièrement : comment expliques-tu que ce soient ton parrain et ta marraine qui t'aient élevée ?

– D'après Suzanne, je serais la fille d'Olivier Magre, autrement dit, la petite-fille de Caro, la « voisine de palier ». Ma marraine serait donc aussi ma grand-mère.

Cette explication ne parut pas le contenter tout à fait. Un esprit pratique comme celui de Claude ne se satisfait pas d'à-peu-près... Il poursuivit :

– Et son mari, Gabriel ? Il n'a jamais eu d'enfant avec elle ?

– Non... C'était moi, leur enfant.

Claude sourit et son sourire semblait dire : « Cathy, tu ne peux pas être juge et partie... » Il aurait aimé découvrir d'autres sources.

– Tu ne vois personne qui pourrait nous parler d'eux ?

La réponse me parut évidente :

– Allons voir Babette, ai-je proposé. C'est elle qui en sait le plus long.

Il aurait été plus juste de dire que, parmi tous ceux qui savent des choses, Babette Maupin était celle qui accepterait le plus volontiers de nous recevoir. J'étais restée en contact avec elle et nous n'étions pas loin de nous considérer comme des amies. Comme je l'avais prévu, elle me fit bon accueil au téléphone :

– Alors comme ça, tu veux me présenter ton ami (à l'époque, Claude et moi n'étions pas encore mariés) ? C'est une bonne idée. L'idéal, ce serait qu'on se retrouve en Arles, chez Hervé...

Hervé Maupin est l'un des frères de Babette – l'autre s'appelait José et j'en parlerai bien assez tôt... Je n'avais pas revu Hervé depuis mon enfance, et nos retrouvailles furent chaleureuses. Je compris tout de suite, lors des présentations, que l'âge et la prestance de mon mari les rassuraient. Ils s'étaient attendus à voir entrer à mes côtés un garçon d'une trentaine d'années, sans doute inconsistant, or Claude a quatorze ans de plus que moi et sa forte carrure, tout comme son crâne un peu dégarni – pour ne rien dire de sa voix grave – lui confèrent une autorité naturelle. C'est un homme auquel on fait volontiers confiance.

Pendant le déjeuner, nous échangeâmes tous deux des regards impatients. Car si la conversation était plutôt agréable, elle s'accrochait délibérément à des sujets d'actualité, évitant les références au passé. Je commençais à craindre que notre rencontre ne se révèle infructueuse. Aussi hasardai-je, un peu avant la fin du repas :

– Vous avez dû bien connaître Gabriel Bontemps, l'un et l'autre... Hervé tiqua, mais sans se départir de son sourire.

– La Cèpe ? Bien sûr, qu'on l'a connu. J'ai même travaillé pour lui, à un moment.

– Qui n'a pas travaillé pour lui ? enchaîna Babette. C'était le pivot de la bande. José lui-même en faisait partie... Et ton père, Catheline !

Je me figeai un instant, avant de comprendre qu'elle voulait parler de Dany Parodeau, mon père selon la loi... Se tournant vers Hervé, Claude demanda :

– Gabriel avait une entreprise de maçonnerie, c'est bien ça ?

– C'est beaucoup dire. Il avait plutôt une boîte bidon, avec des gars qui travaillaient au noir... Au noir, mais pour blanchir à tour de bras, si tu vois ce que je veux dire...

– Plus magouilleur que la Cèpe, tu meurs, ajouta Babette.

Claude ne paraissait pas vraiment surpris. Il demanda :

– Et qu'est-ce qu'il est devenu, vous le savez ?

Il y eut un silence, puis :

– Il est mort, répondit Hervé.

– Oui, mort du diabète.

– Il y a longtemps ?

– Douze ans, quinze ans, par là...

Le climat de la conversation se refroidissait. Je me rappelai à cet instant ma dernière entrevue avec Babette, au tout début des années 80. Elle m'avait déjà annoncé la mort de Gabriel, ainsi que celle de Caro, qu'elle n'avait jamais portée dans son cœur. Son opinion semblait inchangée sur ma marraine :

– La Cèpe avait bien fait de divorcer avant de mourir, dit-elle. Comme ça, au moins, Caro n'aura pas touché l'héritage !

Sans doute par association d'idées, le propos dévia alors sur ma mère :

– Il paraît qu'elle est passée sous un taureau, dit Hervé en réprimant son sourire.

– Un cheval, en fait, précisa Claude.

Babette tonna :

– Un taureau, un cheval... Il n'y avait plus que ça qui ne lui était pas passé dessus ! Excuse-moi, Catheline, mais je pense que tu ne me contrediras pas...

Je laissai Babette se répandre en horreurs sur le compte de Suzanne – je savais déjà comment elle allait conclure :

– Cette putain-là, lâcha-t-elle à bout d'arguments, ça ne peut pas être ta mère.

Elle avait déjà proclamé cela dans le passé. Mais quand, soutenue par Claude, je tentai d'approfondir, elle se rétracta :

– Façon de parler, dit-elle.

Hervé s'empressa de revenir à un sujet moins brûlant :

– Gabriel Bontemps... reprit-il sur un ton nostalgique. Tu parles, si c'était la belle époque !

Une époque florissante, en tout cas. Et pour moi, l'âge d'or...

*

Aux Angles, à l'heure du déjeuner, la cour est toujours encombrée de voitures et de camionnettes : les ouvriers des chantiers les plus proches déjeunent à la maison. J'essaie chaque fois de sortir de table le plus tôt possible afin d'aller rejoindre mon berger allemand. En dépit de son nom, Karim est une femelle. Je l'adore :

– Toi, mon chien, tu es ma petite princesse.

J'adopte, pour m'adresser à elle, les mots qu'emploie mon parrain quand il me parle. Elle paraît apprécier mes compliments et y répond par de drôles de jappements qui me font rire.

– Viens, ma Karim, on va chercher un sucre.

Quand je franchis le seuil de la salle à manger, le brouhaha se dissipe toujours. Mon parrain n'a d'yeux que pour moi :

– Tout va bien, ma Cacate ?

Je pioche un sucre dans la boîte et le plonge dans la tasse de café du patron. Tout le monde glousse. Au moment d'avaler le « canard », c'est à Karim que je l'offre.

– Emmène donc la chienne dehors, dit Caro.

Mon parrain m'attrape par le menton :

– Tu vas faire une petite sieste, chérie ?

J'ai horreur de cette coupure au milieu de la journée, mais il fait très chaud et j'accepte d'aller m'allonger une heure. Ma chambre est jolie, avec ses murs couverts de lambris vernis, son épais tapis à motifs enfantins et tous ses trésors : un ours en peluche plus grand que moi, un électrophone rouge vif... Il n'empêche : c'est une pièce où l'on ne vit pas.

Je me suis vite endormie, vaincue par la torpeur. Tirée de mon somme par le grincement des gonds, j'entrouvre un œil : un visage bien-aimé apparaît dans l'entrebâillement de la porte :

– Mon petit doigt me dit qu'il y a une surprise pour ma Cacate dans le jardin...

Je suis déjà debout :

– Où ça, ma surprise ?

– Je ne sais pas... Peut-être que Karim pourra t'aider.

Je n'aurai pas à arpenter le jardin bien longtemps. Écrasé par le soleil, un objet intrus attire tout de suite mon attention : c'est une niche pour ma chienne.

– Une niche ?

J'aurais préféré un cadeau pour moi... D'autant que Karim ne passe jamais la nuit ailleurs qu'au pied de mon lit.

– Si ça ne te plaît pas, Cacate, je la remporte. Je veux seulement te voir heureuse.

Avec ma marraine, les rapports sont moins immédiats. Ce qui ne l'empêche pas de se montrer, elle aussi, très bien disposée :

– Viens, ma petite chérie, viens donc faire les courses avec Caro.

Dans les magasins, elle vole au-devant de mes désirs. Certains articles sont tout désignés, comme ces poussins jaunes, en sucre, à la vue desquels je salive... D'autres me font plus ou moins envie, selon l'humeur du moment.

Sur le trottoir, un jour de marché, une femme de la campagne expose ainsi des poules en cage – superbes volailles, avec de belles plumes dorées et une odeur chaude qui m'intrigue.

– Caro, je peux avoir une poule ?

– Une poule ?

– S'il te plaît...

Je sens que je vais me crisper, ma voix tremble déjà :

– Achète-moi une poule, Caro !

– On en a trois et c'est déjà trop, dit-elle – seulement, elle inspecte les volailles comme le font les clients intéressés...

– Celle-là, ce sera la mienne.

– Bon... mais alors je te préviens, c'est toi qui t'en occuperas.

Les joues rouges de plaisir, je saisis soigneusement la plus grosse des poules et la ramène à moi, sans trop me soucier des conseils de la marchande.

– Tiens-la bien par ses pattes, surtout ! Et fais attention qu'elle ne t'échappe pas en battant des ailes !

Je suis un peu tendue, mais tout cela m'amuse.

– Allons viens, dit Caro en secouant la tête. Te voilà avec une poule, maintenant !

Elle ajoute :

– Quand ton parrain va te voir...

Je serre le volatile dans mes bras et le presse contre ma « robe de demoiselle » (comme l'appelle ma tante Rosine). La poule me fixe du coin de l'œil. Je lui parle doucement pour la rassurer. Elle ronronne, un peu comme un chat. Mais soudain...

– Oh ! Elle a fait caca !

Une traînée de fiente macule ma robe. Caro est excédée :

– Tu vas pouvoir te changer en arrivant. Et j'ai bien peur que la robe ne soit fichue...

En moi-même, je me dis : « Tant mieux, je ne l'aimais pas. » Car si Rosine, qui est coiffeuse, prétend me friser les cheveux et me faire porter des jupons de dentelle, moi je préfère ma tenue de cow-boy ! Il s'agit d'une panoplie que j'ai reçue pour Noël : chapeau texan, petit gilet de peau, bottes frangées – sans oublier le revolver à la ceinture.

– Ces nattes, ça m'énerve.

La langue entre les dents, je rabats sans cesse mes cheveux tressés sur le sommet de mon crâne et tâche de les camoufler sous mon chapeau. Si seulement je pouvais porter les cheveux courts, comme un vrai garçon ! Je le dis souvent à mes copains d'école :

– Moi, d'abord, je suis un garçon.

Aussi ne manquerais-je jamais un western à la télé. Vautrée sur le canapé, je sais que, de sa place à table, mon parrain m'observe du coin de l'œil. Je dégaine et vide un barillet sur le bandit à l'écran. « Pas très intéressant, ce film. On n'y comprend rien. » D'ailleurs, je préfère les westerns « où il y a des Indiens » – question d'action.

– Tu as peut-être sommeil, hasarde ma marraine en me voyant bâiller. Tu veux aller te coucher ?

Je fais non de la tête, les yeux soudain rivés à l'écran. Cependant mes paupières sont lourdes, et je finis par m'endormir.

En m'éveillant, aux premières heures du jour suivant, je réaliserai que je suis toujours au salon. Simplement, une bonne fée aura déplié sous moi le canapé-lit – on ne dérange pas une princesse endormie.

*

Les souvenirs ensoleillés de ma petite enfance ne devaient jamais me quitter. Aux heures les plus sombres, ils allaient m'aider à survivre, à tenir bon. Quand on a connu l'amour d'une famille, on se trouve mieux armé, au fond de soi, pour affronter les épreuves – même si elles n'en paraissent que plus terribles sur le coup. Et je préférerais ne pas imaginer ce qu'il serait advenu de la petite esclave si elle n'avait abrité, au plus profond d'elle-même, l'âme d'une enfant gâtée.

Je revoyais sans lassitude ces jolies scènes d'enfance, regrettant seulement de n'avoir su les enregistrer avec assez de précision. J'aurais tant aimé, par la suite, pouvoir convoquer en souvenir chacune des heures passées dans la maison des Angles ! Peine perdue... Ainsi, j'eus beau fouiller ma mémoire, je ne parvins jamais à me souvenir des fils de Caro, Olivier et Christophe. Puisque Olivier, surtout, semblait devoir être mon vrai père, j'aurais voulu me rappeler ne serait-ce qu'une image de lui. Rien à faire. Je me suis souvent interrogée sur ce trou de mémoire : les souvenirs étaient-ils inexistants, ou bien me faisaient-ils simplement défaut ? Peut-être qu'Olivier s'était tenu loin de sa mère à l'époque où celle-ci m'élevait... L'hypothèse me paraissait cependant peu probable : le souvenir de ma visite à l'hôpital, après son accident de la route, ne confirmait-il pas la profondeur des liens tissés entre cet « oncle » et moi ? Il me paraissait plus raisonnable d'imaginer que j'avais autrefois bien connu Olivier Magre – même si j'en avais, depuis, perdu le souvenir.

Une opacité exaspérante voilait aussi mes premiers souvenirs de Suzanne. Cette scène de ménage en pleine nuit glacée, ce petit accident sur le toboggan improvisé et, plus que tout, ce coup de marteau sur le crâne de Didier dont j'entends encore très précisément le bruit mat... Dites-moi dans quel endroit mystérieux ces quelques moments épars pourraient trouver leur place. Serait-il possible que que j'aie pu me rendre en vacances ou en visite chez Suzanne, à l'époque même du bonheur ? A moins que ces éclats de mémoire ne soient les vestiges d'une période plus reculée, celle où mes parrain et marraine n'avaient pas encore emménagé aux Angles... Dans ce cas, cela signifierait que je conserve, à l'état d'instantanés, des images de l'immeuble où Caro et Suzanne furent voisines de palier...

– Essaie de te rappeler l'appartement de Gabriel dans cet immeuble, m'encourageait Claude.

– Mais j'essaie ! Seulement les images ne viennent pas. C'est le noir...

Avec un dévouement sans faille, mon mari m'a toujours assistée dans ce labeur étrange qu'est la reconstitution d'une enfance à partir de souvenirs décousus. Ne pouvant les évoquer à ma place, Claude s'est au moins employé à faciliter leur résurgence. Et c'est peu dire qu'il ne ménagea pas ses efforts : retour sur les lieux où j'ai vécu, rencontre avec des témoins – surtout, recherche des traces laissées par mon parrain ou ma marraine... Lui comme moi étions convaincus de n'avoir pas entendu que des vérités dans la bouche de Babette Maupin, pas plus que dans celle d'Hervé, son mari. Claude se prenait parfois à rêver :

– J'aimerais te faire la joie, me disait-il, de t'annoncer un soir, quand tu rentreras : « Cathy, ça y est, j'ai retrouvé Gabriel Bontemps ! »

C'est en tout cas dans cet espoir, insensé aux yeux de nos amis eux-mêmes, que mon mari écumait, chaque fois qu'il le pouvait, l'annuaire de la région au Minitel. Tout ce qui s'appelait Bontemps – avec ou sans Gabriel – fut ainsi répertorié, interrogé, fiché... Parfois, cela donna lieu à des échanges surréalistes :

– Bonjour madame, je suis bien chez Gabriel Bontemps ?

– Oui, c'est pour quoi ?

– Pourrais-je lui parler, s'il vous plaît ?

– C'est moi.

– Mais... Vous êtes monsieur Gabriel Bontemps ?

– Non : madame. Je m'appelle Gabrielle, avec deux « L ». Il y a une coquille dans l'annuaire.

– Ah, je comprends... Et... Vous ne connaissez pas de Gabriel, « EL » ?

– Si, mais il ne s'appelle pas Bontemps. Cela vous intéresse quand même ?

– Pas vraiment.

– Je me disais bien...

Ainsi, tant qu'il n'eut pas trouvé, Claude pianota sur le clavier du Minitel. Il n'a jamais douté que sa persévérance serait un jour récompensée.

*

A m'y efforcer, j'ai retrouvé l'image floue d'un des fils de Caro. Dans mes souvenirs, ce garçon ne doit pas avoir plus de seize ou dix-sept ans. Or, Christophe, le cadet, était encore adolescent à l'époque, aussi est-ce sûrement lui que je crois revoir, la mine faussement préoccupée tandis qu'il inspecte un pneu crevé de mon vélo. Il siffle et secoue la main de façon alarmiste :

– Tu l'as salement arrangée, ta bécane.

– Pourquoi ?

– Regarde ! T'as fait une entaille au moins grande comme ma main !

Christophe a de grandes mains. Je suis au bord des larmes. Heureusement, mon parrain a suivi la scène de loin. Il s'approche, attrape la bicyclette et me lance :

– Quand un vélo est crevé, d'après toi, qu'est-ce qu'on en fait ?

– On le répare ?

– Pas du tout. On le met au clou !

Et sous les yeux ronds de son beau-fils, Gabriel remise l'antiquité dans le fond du garage. Moins d'une heure plus tard, je suis avec lui chez le marchand de cycles, éberluée parmi les mécaniques flambant neuves. J'essaie un vélo :

– Il est rutilant, celui-là ! approuve le marchand.

J'ai choisi un demi-course, cale-pieds chromés et guidon sport. Gabriel le fait équiper d'une belle sonnette au timbre clair :

– Pour qu'on t'entende arriver de loin, Cacate !

Désormais, c'est donc sur un vélo neuf que je me rends à l'école, au cœur du village. Karim m'accompagne tout au long du chemin – elle me suit pour partir et, pour rentrer, me précède. Toute la journée, durant les heures de classe, elle m'attend sous le tilleul, près des marches, bien sagement. Mais que je pointe mon nez à la porte et elle accourt comme une folle, me faisant fête.

Les autres enfants, ce sont leurs mères qui viennent les chercher à l'école. Moi, c'est ma chienne.

J'enfourche mon vélo et redescends vers la villa, devancée par mon escorte qui aboie joyeusement. La maîtresse nous a fait préparer un objet à offrir pour la fête des mères : une petite planche en sciure agglomérée, ornée de graines de tournesol et vernie. La fête des mères... Karim ne paraît pas concernée par l'événement et, pour tout dire, moi non plus. En arrivant, j'abandonne le vélo à l'entrée du garage et rejoins la cuisine par la buanderie. J'embrasse ma marraine et lui annonce, sans fioriture :

– Tiens, un cadeau pour toi !

– Oh ! Comme c'est gentil ! Merci, ma chérie...

Je me sens vaguement triste. Je pioche deux ou trois biscuits dans un bocal et sors les grignoter sur la pelouse, ma petite princesse sur les talons. C'est l'heure des épanchements :

– Tu sais, des fois, ma maman, je pense à elle. Je me demande à quoi elle peut bien ressembler.

Karim me scrute avec intensité. Il faut dire qu'elle a englouti un premier biscuit et attend le suivant...

– Tu crois qu'elle va venir, un jour ?

La chienne gémit.

– Ma mère, je veux dire. Tu crois que je la verrai ?

Karim bave. Je lui donne son biscuit. Je l'embrasse avec effusion. Nous sommes heureuses.

– Le problème avec ce chien, prétend Caro, c'est qu'il devient agressif.

« Forcément, c'est un chien-loup. Les loups, c'est bien connu... » A mesure que le temps passe, ma chienne se montre, il est vrai, de plus en plus possessive. Comme une louve protégeant ses petits, Karim s'efforce de faire le vide autour de moi. A l'école, certains s'en plaignent, à commencer par un sale gamin qui prétendait me bousculer « pour jouer » et qu'elle a tenu en respect plusieurs minutes durant, sans que personne, même moi, puisse la calmer.

– Emmène cette hyène loin d'ici, m'a dit cette fois-là le directeur.

Jusqu'au jour où mon parrain lui-même tranchera dans le vif :

– Il faut que Karim reste à la maison, maintenant, estime Gabriel un soir de novembre. Cela devient trop dangereux de l'emmener avec toi à l'école.

Bizarrement, je ne proteste pas. Pourtant, le sacrifice me pèse – au vrai, il me sera fatal, mais je ne le sais pas encore. Par la suite, en effet, je me suis souvent dit que si Karim avait continué de veiller sur moi comme elle avait eu l'habitude de le faire, ce qui m'arriva un certain 1er décembre aurait pu m'être épargné. Seulement voilà : voulait-on vraiment l'éviter ? Est-il certain que ce qui s'est passé n'avait pas été tramé par les adultes, froidement, par-dessus ma tête ? Une chose est sûre : ma chienne, elle, ne m'aurait pas trahie. Et c'est peut-être la raison pour laquelle on me l'a retirée...

En ces derniers jours de novembre, j'étais au bord du gouffre. Et, d'une certaine façon, je le sentais.

Triste dimanche. Gabriel et Caro, taciturnes, sont sortis au grand air pour profiter d'un soleil pâle. Ils s'asseoient sur la murette de pierres, au fond du jardin. Je joue non loin avec ma chienne. L'ambiance est à la nostalgie.

– Approche, Cacate, dit mon parrain qui me fait une place sur ses genoux et dépose un baiser sur mon front.

Je rajuste mon chapeau de shérif.

– Tu n'as pas froid, comme ça ? demande Caro.

– Un cow-boy, ça n'a pas froid, tranche Gabriel en me reposant – mais dehors, de l'autre côté du muret.

Il a l'air triste, alors je « fais ma petite folle », comme dirait ma tante Rosine. Je dévale le talus sur quelques mètres ; Karim saute le mur et me rejoint en aboyant. Je voudrais la caresser, mais elle ne se laisse pas faire et continue sur sa lancée, jusqu'au fossé en contrebas. Surprise, je me retourne :

– Papa ! Maman ! Elle est partie...

Gabriel et Caro ne relèvent pas. Simplement ils sourient en silence. Lui s'essuie les yeux, elle se mouche. J'enchaîne un poirier et une petite roulade dans les feuilles mortes.

– Je vais pouvoir te laver les cheveux, lance ma marraine d'une voix enrouée.

Elle se râcle la gorge. Je remonte le talus en riant, grimpe à nouveau sur le muret et les saisis, l'un et l'autre, par les épaules :

– Papa ! Maman ! Papa ! Maman ! Papa...

– Calme-toi, chérie.

Pas plus tard que ce matin-là, je le confiais à la louve : « Moi, ma maman, je la verrai jamais. » Si seulement j'avais pu dire vrai ! J'étais petite alors, et je ne connaissais pas mon bonheur.

2

Premier décembre 1971. La journée a commencé comme une journée d'école : banale et studieuse. Avec application, je trace de belles lettres sur mon cahier d'écriture. Ce matin, nous attaquons les majuscules, ce qui ne me déplaît pas : j'aimerais n'écrire qu'en lettres capitales.

Apercevant le directeur dans le couloir, l'institutrice échange quelques mots avec lui par la porte entrebâillée. Puis, elle s'approche de ma place et me demande de sortir en silence, sans déranger personne. Je n'aime pas le directeur, je ne me fie plus à ses mines souriantes : à chaque fois qu'il intervient, c'est pour des histoires de discipline et de punitions. Ce n'est donc pas sans inquiétude que je le rejoins.

– Va chercher ton cartable et mets toutes tes affaires dedans, me dit-il. Vite !

Perplexe, je reviens vider mon casier, au milieu des chuchotements de toute la classe.

– On se calme et on travaille, dit la maîtresse.

Dans ma précipitation, j'oublie un double-décimètre, une petite camarade le signale et la maîtresse me le remet d'un geste machinal, sans me regarder en face. Quand je rejoins le directeur, il m'adresse un sourire crispé, avant de lâcher ces mots :

– Il y a ta maman en bas.

Ma maman. En bas, il y a ma maman. Je sens des larmes monter en moi. Cette apparition, je l'ai toujours attendue, et je n'y avais jamais renoncé tout à fait. *En bas, il y a ma maman...*

– Tu veux un mouchoir ? me demande le directeur.

Pas la peine, j'ai le mien, un peu sale mais ça ira. Nous faisons une halte sur le palier, pour que je me mouche à mon aise. Puis le directeur prend ma main dans la sienne et nous descendons la première volée.

Tout à coup, au détour de l'escalier, je l'aperçois : belle, bien visible, avec des traits purs et des cheveux plus purs encore, des cheveux noirs et longs. Le reste est éclipsé : le directeur, l'escalier, l'école entière... Je dévale en courant les dernières marches et saute dans les bras de ma maman.

Une autre dame se tient à côté d'elle, mais je n'ai pas hésité un seul instant. Ma mère à moi est la femme aux cheveux noirs. Que ce soit bien clair pourtant : même si j'ai fréquenté Suzanne dans mes toutes premières années, je n'en conserve alors aucun souvenir. Au moment où elle rentre dans ma vie, j'ai complètement oublié et la scène de ménage et le toboggan et le coup de marteau lui-même... Ces flashes-là n'émergeront que des années plus tard. Et le matin où l'on m'annonce que ma maman est en bas, je crois vraiment la voir pour la première fois. Si je lui trouve un je-ne-sais-quoi de familier, c'est à sa qualité de mère que mon inconscient l'attribue alors.

– Tu es contente de retrouver ta maman ?

La dame – sans doute une assistante sociale – semble émue. Un peu trop émue même. Quant au directeur, il paraît dépassé par les événements...

– La voiture est garée juste devant, dit ma maman.

D'instinct, je me raidis. « Qu'est-ce que c'est que cette histoire de voiture ? » Le directeur remet un petit dossier à la dame et nous salue. Il ne nous accompagnera même pas jusqu'à la sortie. Devant la porte attend une 4L Renault, vieille et sale, avec au volant la silhouette massive d'un homme.

J'hésite à monter. Un regard au tilleul de la cour et mon cœur se serre : c'est là que ma chienne avait l'habitude de m'attendre, il y a si peu de temps encore...

– Regarde, petite ! fait l'assistante sociale en m'attirant presque de force sur la banquette arrière. Vise un peu tous ces jouets ! Oh, la belle poupée !

Sa poupée est estropiée et, d'ailleurs, les autres jouets ne valent pas mieux. Tout cela sent le fond de caisse et la récupération. Le chauffeur démarre. Je demande, essayant de cacher mon appréhension :

– Nous allons où ?

– Nulle part, répond maman. On va chercher d'autres jouets et puis on te ramène.

Je n'en crois pas un mot. De même que je ne crois plus à la sincérité de celle qui agite sous mon nez ses vieilles babioles. Décontenancée, je m'agrippe au bras de maman qui se dégage en douceur.

– Tout se passe bien, dit-elle. Comme sur des roulettes.

Je ramène devant moi mon beau cartable, tout en cuir bleu avec les coutures apparentes. Je m'en fais un bouclier.

– Nous rentrons quand ?

– On dépose d'abord la dame, dit maman en se forçant à sourire – ce qui lui déforme le visage.

L'assistante sociale – ou la complice qui se fait passer pour telle – essaie de me caresser le menton. Elle me parle comme si j'avais deux ou trois ans de moins.

– Il va falloir être bien sage, pour faire plaisir à ta maman.

Et, s'adressant au chauffeur :

– Tu peux me laisser là, José. Je finirai à pieds.

– Merci encore, dit maman.

L'autre descend et fait un petit signe de la main. Je commence à avoir peur.

– Vous me ramenez à l'école, maintenant ?

– Toi, tu la boucles ou je me fâche !

Première phrase du gros homme au volant. Prononcée d'une voix sourde. Je l'observe : grand et gras, costaud, un visage mat que soulignent un collier de barbe et de grosses lunettes carrées aux montures foncées. Très poilu. Patibulaire.

– Ne le regarde pas comme ça, on dirait que tu vas le mordre, dit maman. N'oublie pas que ce monsieur-là, c'est ton papa.

Cela m'étonnerait. Je ne sais pas du tout qui est mon père, mais je sais que ce n'est sûrement pas cet homme-là. La petite voiture sale traverse Seules-sur-Vèze, jusqu'aux faubourgs, jusqu'au quartier des HLM... Elle s'arrête finalement devant un bâtiment en béton, encadré de hautes tours. Les dents serrées, les mains crispées sur mon cartable, je quitte ma banquette à contrecœur.

– Tu vas voir ton frère et tes sœurs, dit ma mère. Tu devrais être contente.

– J'ai des frères et des sœurs ?

– Un frère, deux sœurs. Ils nous attendent là-haut.

Du coup, je retrouve le sourire et suis d'un pas presque léger maman et le bonhomme jusqu'au premier étage.

– Il s'appelle comment, mon frère ?

– Didier. Et tes sœurs, Liliane et Christelle.

– Liliane ?

– Ça ne te plaît pas ?

– Si...

Notre arrivée est moins festive que je ne l'espérais. Le bonhomme est furieux :

– Il a encore fallu qu'ils fassent des conneries !

Apparemment, les enfants ont mis du désordre dans l'appartement et ont cassé une étagère. Maman les gronde sévèrement et tous trois préfèrent se terrer dans leur chambre. Il semble bien qu'aucune présentation ne soit prévue... Or, j'ai très envie de les connaître... Je m'aventure bientôt jusqu'à leur porte.

– Rentre, dit le garçon, reste pas là !

Tous les trois me dévisagent en silence. Didier semble surtout intéressé par mon cartable :

– Il est bath, ce truc. Tu me le files ?

Je lui tends mon beau sac avec le sourire :

– Il est à toi. Prends la fusée, aussi ! C'est un taille-crayons. Regarde, je te montre.

– Laisse, je sais. Laisse, que je te dis !

Didier s'asseoit sur son lit – un drôle de lit entouré de voiles bleu ciel fermant par une glissière... Mes deux sœurs paraissent plus farouches que lui. Retranchées dans un coin de la pièce, elles se demandent visiblement si je ne vais pas leur sauter dessus... Christelle est trop petite pour comprendre ce qui se passe. Liliane, en revanche, attaque bille en tête :

– Tu sais ce que c'est, une bâtarde ?

– Pourquoi ?

– C'est toi. Une conne de bâtarde !

Et aussi vite :

– Tu me la donnes, ta trousse ?

Ce que j'ai pris pour de la timidité tiendrait-il plutôt de l'animosité ? Maman surgit dans la chambre. Sans s'embarrasser de préliminaires :

– Ce soir, me dit-elle, tu coucheras avec tes sœurs. Et que je ne vous entende pas vous chamailler, sinon ça ira mal pour toi !

– On va dormir toutes les trois dans le lit ? demande Christelle qui, finalement, n'est peut-être plus un bébé.

Maman ne répond pas, mais à la façon dont elle dispose la couverture et les oreillers, je comprends que nous allons coucher tête-bêche : Liliane et Christelle garderont leur position normale, tête en haut ; moi je coucherai à l'envers, la tête entre leurs pieds. Mon estomac se noue : ma mère serait-elle injuste ?

– Quand est-ce que je reverrai mes parents ?

– Quels parents ? Ils sont ici, tes parents.

– Je veux dire...

– Ils ne te plaisent pas, ton papa et ta maman ?

J'aime mieux ne pas répondre.

– Les autres, là-bas, c'est fini pour toi.

Pour la deuxième fois de la journée, mes yeux se troublent de larmes. Seulement, ce ne sont plus les mêmes. Ma mère approche de moi sa tête aux longs cheveux noirs. Tout près. Je sens qu'elle va m'embrasser. Mais non. Cognant son front contre le mien, elle murmure seulement :

– Tu vas payer, maintenant. Tu vas payer, crois-moi.

Chaque fois que j'ai repensé à cette journée, je me suis étonnée de la facilité avec laquelle Suzanne et son compagnon, José Maupin, ont pu enlever une élève jusque dans sa classe et sans que soient seulement prévenues les personnes responsables de cette enfant... D'emblée, j'ai senti que l'assistante sociale était fausse – cela s'est avéré par la suite. De même qu'était faux le document de la DDASS ordonnant la restitution de l'enfant Catheline Parodeau à sa mère légitime.

Mais le plus étonnant pour moi, c'est la passivité avec laquelle mon parrain et ma marraine ont pris acte de la situation. Avant de partir pour l'école, ce matin-là, je leur ai dit au revoir, sans aucun doute, et eux, très probablement, ont dû me répondre : « Travaille bien, ma chérie, à ce soir ! » Dans ce cas, comment dois-je interpréter leur incroyable silence ? Comment puis-je admettre qu'ils ne se soient pas inquiétés davantage de me voir ainsi enlevée par une femme – Suzanne – qu'ils méprisaient et par un homme – Maupin – dont ils ne pouvaient ignorer le passé chargé ? Or, ni ce jour-là, ni dans les jours, semaines ou mois qui suivirent, Gabriel et Caro Bontemps ne tentèrent seulement de porter plainte ! Résignation d'autant plus surprenante que mes parrain et marraine étaient investis officiellement de la responsabilité de tuteurs légaux. Qu'un parrain se laisse déposséder de sa filleule adorée par la mère légitime de l'enfant, passe encore – mais un tuteur légal !

Je suis donc bien forcée d'admettre que ce qui m'est longtemps apparu comme un enlèvement d'enfant était peut-être un simple transfert, comme une transaction parfaitement organisée. Alors, mon cher parrain, ma chère marraine, auraient été plus ou moins tenus au courant de ce qui se tramait. Cela expliquerait leur vague à l'âme dans les jours qui précédèrent le « transfert » ainsi que leur souci d'empêcher ma Karim, sacrée méchante louve, de veiller sur sa petite sauvage...

Premier décembre 1971 : ma vie a basculé en quelques heures et de façon radicale. Je pourrai m'en rendre compte dès le matin suivant – premier matin de ma nouvelle vie.

Le temps est éclatant : ciel bleu pur, balayé par un vent froid, tonique. Nous partons tous les trois pour l'école, Didier, Liliane et moi – deux bonds, une brune. Il saute aux yeux que nous n'avons rien en commun, même sur le plan physique. Nous sommes peut-être issus de la même mère, mais nos pères, eux, ne peuvent qu'être différents... Pourtant, nous portons le même nom : Parodeau, un nom que je n'ai jamais aimé. J'aurais tant voulu m'appeler Catheline Bontemps !

Son beau cartable de cuir bleu sur le dos, mon frère ne peut cacher sa fierté. Ma sœur, quant à elle, a fait une razzia dans mes crayons fantaisie et mes petites gommes parfumées... Ces deux rapaces m'ont dépouillée de tout. Du coup, ma mère a dû me fournir, pour que je puisse écrire, un vieux stylo à bille mordillé. Et, puisque Didier et Liliane se sont aussi partagé mes cahiers, je dois me contenter, quant à moi, d'une sorte de carnet publicitaire. On m'a fourré ces vieilleries dans un sac en plastique – oui : un vulgaire sac de l'hypermarché du coin, qui est censé faire office de serviette !

Tout en marchant d'un bon pas, mon frère et ma sœur comparent les belles fournitures dont ils viennent d'hériter. Affectant de l'indifférence pour leurs enfantillages, je veille pour ma part à ne pas rester à la traîne car, seule au milieu des tours en béton, je me perdrais à coup sûr. Je jette un coup d'œil furtif par-dessus les toits : le soleil est brillant dans le ciel glacé.

A l'école aussi, le changement est brutal. Dans la classe de Mme Daumier, surnommée l'adjudant-chef, les élèves écrivent encore à la plume sergent-major. Une épreuve pour moi : les yeux rivés sur les mains de ma voisine, je m'efforce de copier chacun de ses gestes. J'emboîte de mon mieux, sur le manche du stylographe, le petit bec de fer que m'a prêté l'institutrice.

– Tu sais écrire à la plume, j'espère.

– Oui, madame.

– Parfait.

Mme Daumier va pouvoir économiser sa précieuse salive. L'encrier de faïence blanche est enfoncé dans un trou du pupitre. Tandis que l'institutrice délivre un cours savant sur je ne sais quelle règle grammaticale, je m'intéresse de mon côté à ce dispositif inédit. J'ai remarqué qu'en passant la main par le casier, on peut atteindre l'encrier sans peine. Il suffit alors d'exercer une légère poussée sur le fond pour voir le petit pot se détacher de la table et s'élever tout seul de plusieurs centimètres... Je me dis que mon parrain aurait trouvé très amusant mon stratagème. Malheureusement, le pot étant rempli presque à ras bord, l'encre en déborde facilement. Et de fait, un filet de liquide noir se répand bientôt sur le pupitre, avant d'être canalisé par la rigole aux crayons. Prise de sueurs froides, je m'assure que l'adjudant-chef n'a rien remarqué. Discrètement, j'extirpe de ma poche la seule belle chose que m'ait confiée ma mère le matin même : un carré de coton imprimé et brodé, avec au centre une tête de cheval et des fers porte-bonheur dans les coins. Je le déplie et m'en sers pour absorber l'encre répandue devant moi. Le mouchoir, de jaune pâle, vire au violet foncé...

Chez ma marraine, j'avais pris l'habitude de confesser mes petites bêtises sitôt faites. Pour le mouchoir, je n'ai pas de raison d'en user autrement et, dès la pause du déjeuner, je livre à ma mère des aveux complets. A sa réaction, je comprends tout de suite que ma franchise sera mal récompensée. Le crime est en effet répercuté à Maupin.

– C'est grave, la Cacate, dit-il en tenant le mouchoir souillé du bout des doigts. Tu réalises un peu comme c'est grave !

Quand Maupin m'appelle « la Cacate », ça n'a rien d'affectueux... Son regard fiévreux envoie des éclairs, sa barbe noire, impressionnante, frémit dangereusement.

– Je vais essayer de le laver...

– Le laver ! Tu te payes ma bille, c'est ça ?

L'expression me fait sourire :

– Parce qu'en plus ça te fait marrer...

Sentant la tension monter, je prends peur et cherche à me trouver des circonstances atténuantes. Quitte à mentir :

– C'est la maîtresse qui m'a dit de faire comme ça...

– Vraiment !

– Elle m'a dit : sers-toi de ton mouchoir pour tout essuyer.

– C'est la mère Daumier, ta maîtresse ? Eh bien, je vais aller lui rendre une petite visite...

Me voyant pâlir, Maupin en rajoute dans la menace indirecte :

– J'espère seulement que tu ne m'as pas menti... Sinon, tu peux tout de suite compter tes abattis.

Tout l'après-midi, j'espère qu'il va oublier l'incident ou passer l'éponge. A force d'espérer, je finirais presque par m'en convaincre... Mais à la sortie des classes, sa silhouette d'ours mal léché est là pour me rappeler à la dure réalité.

– Cacate ! Présente-moi donc à ta maîtresse.

Il échange quelques phrases avec Mme Daumier, tandis que je demeure soigneusement à l'écart du conciliabule.

– Toi et moi, lance-t-il seulement en sortant, on va pas être copains, je le sens.

De retour à la maison, il m'appelle à la cuisine. J'approche à pas comptés, m'efforçant de ne pas détourner le regard.

– Alors comme ça, c'est Daumier qui t'a dit d'essuyer l'encre avec ton mouchoir...

Je suis constamment sur le point de baisser les yeux, mais je résiste.

– Hein ? Réponds !

Avant que j'aie seulement eu le temps d'ouvrir la bouche, une gifle me surprend, puissante. Je me mords la langue. Puis d'un revers, il m'envoie percuter la huche à pain. Sa poigne me soulève alors et me fait décoller du sol. Me cramponnant par les cheveux, il m'assène des coups violents sur tout le corps. Je retombe sur le carrelage, tente de me recroqueviller, sans cesser de chercher des yeux son regard – ne pas faiblir, ne surtout pas faiblir ! Le bourreau est aussi efficace que silencieux. Ses coups de pied sont très douloureux. Et quand Maupin me laisse enfin, les jambes coupées et les oreilles remplies d'un sifflement affreux, je suis persuadée d'être morte.

Le soir, à table, je découvre pour la première fois à ma place ce qui va par la suite constituer l'essentiel de mes repas – plus que ma pitance : ma ration, ma punition et, d'une certaine façon, le symbole héroïque d'une différence qui ne se renie pas. Il y a deux oignons crus dans mon assiette. Avec la peau et les barbes.

La succession des jours n'avait pas, jusqu'ici, retenu mon attention. J'avais eu l'impression que le temps était plus ou moins immobile. A présent, chaque heure révolue est une petite victoire sur la mort. « Encore soixante minutes de sauvées... » Bien sûr, il peut arriver, l'espace d'une demi-journée à l'école, que la menace s'éloigne un peu et me permette de savourer la douceur des répits. Je n'en dois pas moins rester sur mes gardes, en permanence.

Car si Maupin est violent, ma mère est dangereuse. Avec elle règne l'ambiguité. D'emblée, elle m'a parlé comme à une adulte et m'a distinguée de mes frère et sœurs, établissant avec moi des liens d'une proximité forcée. Mais elle ne cesse, en même temps, de vouloir me réduire à l'état d'esclave. Quand je ne suis pas à l'école, je dois consacrer le plus clair de mon temps à la décharger des activités les plus basses. je dois aussi l'aider à parfaire sa beauté.

Ainsi, à l'aide d'une lime, je m'efforce d'égaliser ses longs ongles au vernis trop rouge.

– Tu me fais mal, Cacate !

D'un geste brusque, elle m'envoie une gifle que je n'ai pas le temps d'esquiver. Mes réflexes sont encore insuffisants... Mes yeux se brouillent, je serre les mâchoires, il me semble que si la lime était en acier, je la planterais dans ses yeux ternes. Effondrée sur le canapé, elle respire de façon sonore pendant que je brosse ses cheveux, épile ses sourcils, huile sa peau... Docilement.

– Les pieds, maintenant !

Une crampe me tord l'estomac : je déteste curer les pieds de ma mère. Comme elle sent que je vais tarder à obéir, elle saisit une mèche de mes cheveux et la tire d'un coup sec. Je réprime un cri.

– Comment ? Tu voulais dire quelque chose ?

Dans son regard, je reconnais cette jouissance froide qui me fait dire que dans certains moments, c'est la mort qui s'exprime à travers elle. Je m'agenouille. Elle tend son pied gauche juste devant mon visage. Avec de petits ciseaux incurvés, j'attaque le pouce. Je mesure mes gestes pour me couler au mieux dans ma tâche.

– Eh bien tu vois, quand tu t'appliques... Aïe !

Bougeant son pied exprès, elle m'a obligé à lui faire mal – j'ai entamé la chair et le sang perle le long de son ongle. Je croise son regard, je l'affronte.

C'est un jeu vicieux : ma mère me confie des tâches ingrates et non seulement je m'en acquitte au mieux, mais je trouve encore le moyen, bien souvent, de la ridiculiser. C'est l'héritage de mes années « princesse », une sorte de complexe de supériorité qu'elle prétendrait éradiquer et que je suis résolue, pour ma part, à défendre. Suzanne ne tolère pas que j'aie toujours le dernier mot. Toutes les occasions lui sont bonnes pour me rabaisser. Ainsi, la première année, alors que les apparences sont encore à peu près sauves, elle va s'arranger pour faire de Noël et de mon anniversaire des occasions de m'humilier.

Elle a décidé que mes sept ans seront fêtés le jour des huit ans de Liliane. Cela tombe un jeudi et nous avons joué tout l'après-midi, avec d'autres enfants de la cité, aux cow-boys et aux Indiens – résurgence d'un autre temps...

– Maman ! lance mon frère, en rentrant à l'appartement. La Cacate et Patrick se sont roulé un patin !

Patrick est un camarade de mon âge et il m'a simplement fait une bise sur la joue au moment de partir. Je me défends en riant :

– Didier est jaloux parce qu'il a fait l'Indien mort toute la soirée !

Liliane, qui craint tellement que je ne la supplante, intervient :

– Pourquoi il t'a embrassée et pas moi ?

– Parce que je suis plus belle. C'est comme ça.

J'en ai trop dit au goût de ma mère :

– Punaise, va ! File au coin ! Déshabille-toi !

Le cœur battant, je retire déjà mes vêtements.

– Entièrement ! La culotte, aussi.

Je découvre la punition du jour : rester toute nue devant la fenêtre, rideaux grands ouverts – exposée, en équilibre sur un pied et les mains sur la tête.

– Puisque tu es si belle, autant que tout le monde en profite !

J'ai la chair de poule.

– Et que je ne te voie pas poser le pied !

Dans l'encadrement de la porte, Didier, Liliane et Christelle se régalent du spectacle et ricanent d'un air goguenard. Dans ces moments-là, ils me paraissent tenir autant du trio de délateurs que de la troupe de gnomes. J'essaie de regarder ailleurs, mais Didier vient manger des friandises sous mon nez... Ma hanche me fait mal. Je ne suis pas autorisée à changer de pied. Ma mère rentre, tenant un cadeau.

– Liliane !

Ma sœur accourt, non sans jeter un dernier regard à l'enfant punie. Puis elle déballe son cadeau, au milieu de l'excitation générale. Profitant de cette diversion inespérée, je change discrètement de pied. Didier me voit faire, mais il ne me trahit pas – après tout, c'est aussi mon anniversaire...

Du temps de mon enfance aux Angles, je prenais plaisir aux fêtes et aux réjouissances. Aujourd'hui, en être exclue me pèse très peu. Je me dis que je ne manque pas grand-chose, en vérité. Car pour ma mère, fêter Noël, c'est rassembler quelques noix et quelques mandarines dans des assiettes et offrir des cadeaux aux enfants en regardant les variétés à la télévision... J'essaie de ne pas trop penser à mes Noëls passés : la joie de ma marraine devant sa jolie crêche peuplée de santons, le goût de mon parrain pour la bonne chère – galantine, boudins blancs, dinde rôtie, bûche au Grand-Marnier... Des noix, donc, et des mandarines. Et pas de réveillon, bien sûr : tout le monde au lit !

Cette nuit-là – nostalgie ou rébellion – je ne parviens pas à m'endormir. J'attends que sonnent les douze coups au clocher le plus proche... Soudain, je reconnais le crissement bien particulier de la glissière qui ferme le rideau autour du lit de Didier. Tandis que l'ombre de mon frère disparaît vers le couloir, je ne peux m'empêcher de penser qu'il s'est levé pour aller voler nos cadeaux. Tant il est vrai que Didier dérobe tout ce qui passe à sa portée...

Or, au matin, les paquets sont toujours là. Pour moi, on a choisi une poupée... noire, avec des cheveux crépus et de petits trous sur le ventre, par où elle dit : « Maman ». J'ai horreur des poupées. Et le fait qu'on me l'ait choisie noire ne me paraît pas innocent – cependant je m'estime heureuse d'avoir reçu un cadeau comme tout le monde et je fais semblant de m'amuser avec.

Comme à chaque fois les jours de fête, ma mère fait rôtir un poulet. Même si je n'ai pas le droit d'y toucher, je peux au moins m'emplir les narines de sa bonne odeur.

– Cacate, les courses !

Comme prise en faute, je repose la poupée et me précipite sur le cabas où résonnent des bouteilles consignées. Ma mère entrouvre la porte de la cuisine, d'où s'échappe, par volutes, une vapeur odorante.

– Il faut pas mal de vin, aujourd'hui. Prends aussi de la bière. Deux grandes !

Didier enfile son blouson.

– Qu'est-ce que tu fais, mon grand ? Tu sors avec la Cathelinasse ?

La question paraît les amuser. En fait, mon frère « va voir un copain ». Tandis qu'il dévale l'escalier de béton, je lui lance :

– Didier, attends un peu !

– Merde, tu te démerdes !

Il prend vite le large et disparaît au coin du premier bloc. Je soupire. Didier a beau se montrer dur avec moi, j'aurais préféré sa compagnie à la solitude... Soudain, à quelques mètres, j'aperçois un drôle de petit papier qui volette le long du trottoir. Identifiant sans peine un billet de cent francs, je saute dessus pour empêcher qu'il ne s'envole. Un espoir s'éveille en moi : voilà enfin l'occasion de m'attirer la reconnaissance de ma mère. Oubliant les courses, je retourne en courant jusqu'à l'immeuble :

– Maman !

J'entre à l'appartement tout excitée – « pourvu que j'aie droit à un morceau de poulet » – et clame triomphante :

– J'ai trouvé un billet ! Un vrai !

Or, ce n'est pas ma mère qui réagit la première :

– D'où tu sors ça ? me demande Maupin d'un ton soupçonneux.

– Je l'ai trouvé sur le trottoir...

– Voyez-vous ça !

Son ironie me pèse aussitôt sur la poitrine. Pour une fois, ma mère intervient en ma faveur :

– C'est peut-être vrai...

– Fais-voir un peu, ce billet-là...

Je tends mon trésor à Maupin, qui l'approche de ses lunettes :

– Tiens... C'est bizarre.

Il ouvre un tiroir du buffet de la salle à manger et en sort un tube de comprimés d'aspirine. Le tube contient une liasse roulée serré.

– Décidément, t'es une rusée, toi, dans ton genre !

Il recompte les billets. Et, sans me regarder :

– Tu as volé ça quand ? Cette nuit ?

Interloquée, je secoue la tête. Je crains de comprendre ce dont il m'accuse. De l'index, il me fait signe d'approcher – je n'avance qu'à pas comptés – et me désigne alors de petits trous dans la partie blanche du billet : une marque de reconnaissance... D'un coup, la situation s'éclaicit dans mon esprit : ce billet, Didier l'aura volé dans sa razzia nocturne, avant de le faire tomber ce matin de sa poche...

– Tu as vraiment de la chance que ce soit Noël.

– Mais... C'est pas moi...

– Pourquoi tu mens ?

Hurlant soudain :

– Voleuse !

Il se reprend et me fait asseoir. Sa voix redevient très sombre, presque douce :

– Ce n'est pas grave, après tout. Seulement j'aime mieux savoir. Dis-moi la vérité.

– C'est pas moi... C'est... C'est Didier.

J'ai prononcé son nom la mort dans l'âme.

– Bon. Tu vois, on progresse. Alors disons que c'est Didier, mais avec toi aussi... Un tout petit peu...

Pendant une heure entière, Maupin va me faire rôtir à feu doux. Il fera son possible pour rester gentil, conciliant même. Mais sa rengaine finit par me saoûler :

– Tu as pris un billet de dix mille dans un tube. Et après ? La belle affaire !

Muette.

– C'est ce qui s'est passé, ou je me trompe ?

Impassible.

– Entre nous...

Je hoche enfin la tête – pourquoi donc ? – un hochement de lassitude et qui veut dire oui.

Maupin m'empoigne alors par la nuque et me précipite le front contre la table. Un coup très sec.

– On peut dire que t'es une dure à cuire.

Sa poigne de fer, m'écrasant la nuque, ne faiblit pas. Nouveau coup, encore plus brutal. Je ne sais ce qui m'étonne le plus : la surprise, la douleur, la peur, l'impuissance – ou bien le bruit matériel de mon crâne quand il percute le formica.

Ma mère paraît s'inquiéter :

– Allez, arrête, maintenant !

– Tu veux rire ? On commence juste. C'est Noël pour moi aussi.

Dès mon arrivée à Seules, j'avais compris que dans les mains de Maupin, je deviendrais vite une sorte de jouet. Alors que ma mère et ses enfants font de moi leur servante, lui m'utilise comme un pantin, ou une poupée vouée aux maléfices.

A l'extérieur de la maison, je suis souvent son lutin malfaisant. Il n'est jamais plus heureux que lorsqu'il a pu me forcer à mal agir.

A l'école, il exige de moi que je dérobe des crayons ou des cahiers.

– Tu crois que tu en seras capable ? me demande-t-il, d'un air étrangement complice.

Morte de peur et de honte, je m'exécute. Je n'ai pas le choix... Voler des cahiers n'est d'ailleurs pas bien difficile. J'ai depuis longtemps repéré le moment propice : au début de l'après-midi, quand mes camarades sortent de la cantine. Je m'introduis alors dans la classe déserte de Mme Daumier. Jetant à la dérobée un regard vers la cour de récréation, je m'approche des casiers du fond et fais coulisser le battant de la réserve aux cahiers. Prestement, je me saisis d'une bonne pile – de beaux cahiers neufs, bien coupés, bien plats, des cahiers de cent pages – et les fourre en vitesse dans le sac de toile qui me sert désormais de serviette.

– Je peux t'aider, Catheline ?

L'adjudant-chef ! De surprise, je laisse échapper le sac, qui répand dans l'allée son contenu accusateur. A genoux, je m'empresse de rassembler le butin.

– Mais qu'est-ce que c'est que ça ? Montre un peu...

J'affronte le regard de l'institutrice :

– Ce n'est rien du tout.

– Alors comme ça, c'est toi qui me vole tous mes cahiers ! Depuis le temps...

Mme Daumier rédige un mot à l'attention de Maupin. C'est ma mère qui répondra, priant l'école d'excuser mes larcins et l'institutrice de m'infliger la punition que je mérite. En fait, je devrai remplir un des cahiers volés de la mention : « Je ne volerai plus ». Sanction légère, dira-t-on, mais tellement ironique...

Lors de mon arrivée dans cette école, les enseignants m'avaient identifiée comme un cas social. Ma mère avait beau dissimuler toute trace de mon mauvais traitement, elle ne pouvait empêcher que j'aie l'air malheureuse, négligée et mal nourrie – sans parler de cette odeur d'oignon qui partout me précédait et à laquelle mes camarades décelaient ma présence sans même m'avoir vue venir.

Inquiets de ma situation, les responsables de l'école m'ont donc confiée – un matin, pendant les heures de classe – à l'examen discret d'une psychopédagogue. La jeune femme, Véronique, était gentille, savait parler aux enfants et, par quelques questions habilement formulées, vint sans peine à bout du mutisme dans lequel la méfiance m'avaient murée depuis mon enlèvement. Le plus parlant pour elle fut sans doute un dessin que je fis à sa demande et qui devait illustrer la notion de famille. Il ne représentait, en tout et pour tout, qu'une petite fille habillée en cow-boy, entre un certain parrain, une certaine marraine – et un chien.

– C'est qui, cette dame ? Ta maman ?

– Non ! C'est Caro.

Une enquête complémentaire convainquit Véronique que j'étais une enfant maltraitée. Elle me trouva très mûre – trop – pour mon âge et s'attacha sans peine à ma petite personne. Elle fit dès lors son possible pour m'aider. Afin de lever les dernières incertitudes sur ma situation, elle convoqua Maupin et ma mère à un entretien dans les murs de l'école. C'était un soir d'hiver.

L'erreur qu'elle commit fut de me convoquer en même temps que les deux autres.

– Bonsoir. Je suis médico-psychopédagogue et si je vous ai...

– Médico quoi ?

Véronique hésite à répéter son titre. Le rire silencieux de Maupin n'est pas facile à interpréter. Cet homme-là est-il ivre, débile léger, pervers ou simplement provocateur ?

– Peu importe le nom. Ce qui compte...

– Ce qui compte, c'est que vous nous fichiez la paix !

Après quelques hésitations et des gentillesses visant à calmer le jeu, Véronique essaie de remettre chacun à sa place.

– Écoutez, monsieur Maupin. Je suis payée par l'Éducation nationale pour veiller à l'équilibre psychologique des enfants. Dans ces...

– Et alors ? Elle est pas équilibrée, ma gamine ?

Cette fois, c'est ma mère qui est intervenue. Sans doute pour donner plus de poids à sa protestation, elle s'est levée. Les mains dans les poches de son manteau, elle appuie maintenant de tout son poids contre la table de Véronique qui recule en grinçant.

– C'est-à-dire... J'ai bien examiné le dossier, madame, croyez-moi. Il se trouve que les conclusions auxquelles je suis arrivée tendent à montrer que l'environnement socio-affectif de Catheline, notamment dans le cadre de sa famille, ne constitue pas les conditions les mieux à...

Maupin éructe :

– Dis-donc, la greluche : t'es en train de me dire que tu veux nous retirer la Cacate ou je me trompe ?

– Il ne s'agirait que...

– Fais gaffe, connasse ! Fais rudement gaffe à ce que tu dis !

Au ton de Maupin, je sens que le rapport de forces ne va plus m'être longtemps favorable. Cet entretien est pourtant ma chance ultime. Or depuis que nous sommes entrés dans la pièce, j'ai compris que je ne pouvais pas trahir ma mère. Ce serait beaucoup trop risqué. Découragée, j'observe Véronique se démener pour moi :

– Enfin monsieur...

– Ta gueule ! Tu vois cette gamine ?... Tu la vois ?

– Oui...

– Eh bien cette gamine, elle est très bien dans sa famille et elle a surtout pas envie qu'on l'emmerde avec des putains de trucs à la con !

– Mais...

– Cacate !

Maupin s'est tourné vers moi. Il me fait signe d'approcher :

– Viens, ma Cacate. Dis-moi...

Il me prend sur ses genoux.

– Faut pas pleurer, ma fille. Suzanne, file-lui ton mouchoir ! Tiens, essuie-toi avec ça... Maintenant, écoute-moi : ta maman, dis-moi qui c'est.

Paniquée, je ne peux pas parler. Je me contente de désigner ma mère d'un geste furtif.

– C'est elle, ta maman ? T'es sûre ?

Je fais oui de la tête. Véronique ferme les yeux. Je sens de nouvelles larmes couler le long de mes joues.

– Bon. Et ton papa. Qui c'est, ton papa ?

Là, j'hésite. Mais comme il insiste, je réponds d'une toute petite voix :

– Toi.

– C'est qui, tu dis ?

– C'est toi.

Véronique explose :

– Enfin, monsieur...

– Toi, la psycho de mes deux, tu fermes ta boîte à merde !

Maupin se lève et saisit la jeune femme par son col :

– Et je te promets que si jamais tu mouftes, je te retrouve et je t'écrabouille tellement les deux jambes que tu passeras le reste de ta putain de vie dans une charrette. C'est clair ?

La tête dans les mains, la psychologue sanglote à présent. Ma mère me prend dans ses bras pour m'emmener. Dans le regard de Véronique, à l'instant où je quitte la pièce, je lis beaucoup d'impuissance, mêlée à une peur réelle. Moi, je n'ai plus de larmes. Je suis déjà concentrée sur la correction terrible que je vais recevoir en rentrant. Pire : je sais que, désormais, l'enfer a commencé. Ma dernière chance s'est envolée.

3

– Cacate ! Tu traînes !

Forcément. Je chausse du 26 et ma mère m'oblige à porter du 23 – des bottes de pluie bleu marine en caoutchouc malgré le beau temps –, jamais de chaussettes, ça fait plus mal, ça fait plus moche. Pire, peut-être, que les chaussures, il y a ma jupe – mon sac à patates, comme l'appellent les filles à l'école –, et c'est vrai que la toile de jute pourrait en avoir été prélevée sur un sac de pommes de terre. Jusqu'à la ceinture, qui ressemble à de la méchante ficelle ! Au moins la jupe ne me fait-elle pas mal, alors que les bottes...

– Cacate ! Surveille ta démarche ! On dirait un canard.

Repliant mes doigts de pieds pour essayer de moins souffrir, j'ai pressé le pas et rejoint ma mère et Liliane. Malgré leurs moqueries, je ne regrette pas ma sortie en ville. Car j'en rapporte une jolie coupe de cheveux. « Comme Mireille Mathieu, a dit la coiffeuse. Ça te va rudement bien, en plus ! » Et ma mère, soudain bien inspirée, d'ajouter : « On dirait Jeanne d'Arc ! »

De retour, je me précipite à la salle de bains pour admirer l'effet produit.

– Tu te trouves belle ? me demande Liliane, fielleuse.

– Plutôt, comparée à toi...

– Catheline !

Ma mère a intercepté l'échange et m'appelle à la cuisine. Elle est en train de sortir d'un placard le grand bol à omelettes. La petite Jeanne sent déjà le bûcher...

– On va couper ce qui dépasse, dit ma mère, comme elle dirait : « Approche, tu as une étiquette qui pend ».

Et à grands coups de ciseaux, avec un bruit rèche qui prend le temps de se déployer dans le silence, elle jonche le carrelage de mes jolies mèches brunes. Le résultat est affreux. Ma mère a retrouvé le sourire :

– Voilà, dit-elle. C'est quand même mieux. Au moins tu ressembles à ce que tu es, une andouille.

Ce dernier mot la fait glousser. Et moi je pense aux longues tresses que j'ai si longtemps voulu cacher sous mon chapeau de cow-boy.

Les duretés de Maupin sont moins gratuites. Quand il me frappe, c'est généralement parce qu'il estime avoir une bonne raison. Sa « justice » est sévère, voire expéditive – au moins n'est-elle pas foncièrement absurde, comme celle de Suzanne. Il arrive même qu'il intervienne en ma faveur, lorsque la mauvaise foi de sa compagne est trop criante.

– Il n'y a que la Cacasse pour faire une chose pareille, crie ma mère en brandissant ce soir-là un morceau de cervelas entamé.

Maupin s'en mêle :

– Qu'est-ce qui se passe ?

– Cette saleté est allée mordre dans le cervelas que j'avais mis au frigo !

– Mais non, ce n'est pas moi...

Maupin inspecte la pièce à conviction :

– Elle a raison, dit-il en défiant ma mère du regard. Ce n'est pas elle.

– Qu'est-ce que tu racontes ?

Il lui désigne, bien nettes dans le cervelas, les traces d'incisives bien écartées, comme le sont celles de Didier.

– Didier !

Cette fois, je ne paierai pas pour mon frère

*

Toujours en quête de Gabriel et Caro, mon mari poursuivait ses recherches sur l'annuaire du Minitel. Il s'y consacrait le plus souvent en mon absence, tant pour m'épargner les fausses joies que dans l'espoir de me faire une surprise au retour... Avec une belle ténacité, Claude écuma ainsi de longues listes de noms, où figuraient presque tous les Bontemps de quatre départements : le Gard, le Var, le Vaucluse et les Bouches-du-Rhône. Son enquête n'était pas dépourvue de faux pas. Il est arrivé qu'il se trompe et dérange deux fois la même personne, ce qui donnait lieu à des échanges peu aimables... Dans l'ensemble, cependant, ses interlocuteurs se montrèrent courtois, voire coopératifs, certains allant jusqu'à entreprendre des recherches parallèles... Mais avec le temps, mon mari avait fini par se méfier des témoins trop zélés et de leur enthousiasme souvent stérile.

A tel point que lorsqu'un certain Jo Bontemps, de Marseille, lui proposa de l'aider, Claude faillit le remercier poliment :

– Vous m'avez dit que vous n'étiez pas Gabriel Bontemps...

– Non, mais j'ai bien connu un Gabriel Bontemps.

– C'est qu'il y en a pas mal...

– Le mien était gros, très gros. Il bossait dans le bâtiment et tout le monde l'appelait... Comment est-ce qu'on l'appelait, déjà ?

– C'était pas « la Cèpe », qu'on l'appelait ?

– La Cèpe ! Exactement. C'est lui que vous cherchez ?

– Bien sûr que c'est lui.

– Alors je regrette de vous décevoir, mais votre homme est mort depuis des années. Attendez voir... Il est mort en 1982, je crois. Oui, c'est bien cela : au printemps 1982. Je l'avais vu quelque temps avant et il était très malade. Le diabète, vous savez ?

– Comment l'aviez-vous connu ?

– Par le travail. Mon job à moi, c'est de recycler les palettes usagées. Votre Gabriel faisait partie des gens chez qui je m'approvisionnais.

– Est-ce qu'il vous avait parlé un peu de sa vie ?

– Plus ou moins... Je crois qu'il était allé vivre quelque temps en Corse, dans les années 70. Il ne m'a pas dit pourquoi, notez bien. Quand il est mort, ça faisait quatre ou cinq ans qu'il était de retour. Il s'était remarié en rentrant.

– Il vous a parlé de son divorce ?

– Vaguement. Dites-donc, il faut le comprendre : il n'allait pas passer sa vie avec une bonne femme qui aurait pu être sa mère, ou presque. Surtout qu'elle avait plus ou moins fait le trottoir...

– Il avait quel âge, lui ?

– Quand il est mort, il avait cinquante-deux ans. J'en suis sûr, c'est aussi l'âge auquel est mort mon père.

– Cinquante-deux ans en 1982 – donc, il était de 1930.

– 1930... C'est ça.

« Ce qui veut dire qu'en 1965, il n'avait jamais que trente-cinq ans... » Ce témoin inattendu ajouta qu'à sa connaissance, mon parrain avait été enterré du côté d'Arles, où habitait sa deuxième femme. Avant de prendre congé, Jo Bontemps précisa qu'il ne savait rien de ce qu'était devenue Caro, ni même si elle était encore en vie. Mais il suggéra à Claude un bon moyen de s'en assurer :

– Je serais vous, je passerais une annonce dans les journaux. C'est le seul moyen de toucher des personnes qui la connaissent.

– Vous avez peut-être raison.

En fait, cette idée nous permit de franchir une étape décisive. L'annonce par voie de presse marqua en effet le début d'une enquête sérieuse. Dès la semaine suivante, les journaux de petites annonces des quatre départements retenus publiaient un avis de recherche visant à retrouver Caro, « ancienne épouse de Gabriel Bontemps, disparu en 1982 ». Nous ne connaissions ni le nom, ni même le vrai prénom de ladite Caro – tout au plus savions-nous qu'elle était divorcée depuis la fin des années 70.

– Et si jamais on la retrouve, me demanda Claude la veille de la parution des annonces, tu sais ce que tu lui diras, au moins ?

– Je lui demanderai pourquoi elle m'a laissée sans secours pendant tout ce temps.

*

Un matin, ma mère m'annonce :

– Il y a la Cèpe qui vient demain, avec sa greluche.

– Demain ?

Cela me paraît impossible, comme si elle venait de m'annoncer la visite de personnages irréels. Leur image m'est devenue tellement idéale, tellement magique pour peu que je l'évoque... Je ne parviens pas à cacher mon émotion.

– Te réjouis pas trop vite, intervient Maupin. T'auras intérêt à te tenir à carreau.

– Ils amèneront Karim ?

Ma mère hausse les sourcils :

– Sais pas. En tout cas, je ne veux pas de cinéma. Tout va bien, merci et adieu. Tu observes ton frère et tes sœurs et tu fais comme eux.

En descendant jouer avec mon frère, j'essaie de réaliser ce qu'ils viennent de m'annoncer. Je ne peux contenir ma joie. Tout me paraît soudain possible.

– On se fait une charrette ? me demande Didier dans son jargon barbare.

Lui, ne paraît en rien partager mon allégresse. Qu'à cela ne tienne ! Je l'aide à extirper d'une vieille cave le châssis d'un landau abandonné. Les quatre roues sont encore en place et nous ne tardons pas à confectionner une remorque que nous arrimons au porte-bagage de son vélo. Je grimpe dans la « charrette », surexcitée :

– Vas-y ! En avant !

S'arc-boutant sur les pédales, Didier nous fait prendre de la vitesse. J'approche mes yeux de l'asphalte qui défile sous la remorque et me laisse griser par le défilement rapide des gravillons. Je voudrais voir aussi ce qui se passe sous la caisse, aussi je me penche le plus possible. Ma joue effleure le gravier, mon visage est éraflé – douleur vive et grand effroi :

– Arrête tout !

Mon frère continue sur plusieurs mètres. Quand il stoppe enfin, j'ai le visage en sang, du front au menton.

– Quand je dis « arrête ! », tu t'arrêtes !

– Merde... Je savais pas...

Mon visage, déjà brûlant, est en train d'enfler. Avec un mouchoir, j'essaie d'éponger le sang qui suinte le long des éraflures. Ce n'est pas la douleur qui prime, mais l'inquiétude : je devine déjà la correction que va m'infliger Maupin pour m'être défigurée, juste la veille de la visite de mon parrain.

Je cache mon visage dans mes mains pour rentrer à l'appartement. Ma mère se lève brusquement de sa chaise :

– Tu t'es bien arrangée, bravo !

Maupin accourt et ouvre de grands yeux. Il lève aussitôt la main. Je m'abrite, mais c'est Didier qui essuie le coup. Puis, d'un geste brutal, Maupin le précipite dans le couloir. Ma mère me prend par les épaules :

– Viens par là, dit-elle. On va essayer d'arranger ça.

Et avec un coton imbibé d'eau oxygénée, elle tapote doucement les griffures sur ma joue. Le tampon est frais et le picotement presque agréable.

– Tu leur expliqueras que tu t'es fait ça toute seule, d'accord ?

– Oui, j'expliquerai bien.

Maupin retrouve des couleurs. Il me pince le menton :

– C'est solide, ça, madame !

Dans un moment comme celui-là, il ne faudrait pas grand-chose pour que je bascule de leur côté. Car malgré l'angoisse, malgré les sévices, je suis restée réceptive aux marques d'affection de ma mère. Il suffirait peut-être, pour que j'abandonne la résistance, que Suzanne, simplement, m'embrasse – non : il suffirait qu'elle me permette de l'embrasser.

Le lendemain vers midi, j'entends la chère Mercedes bleu nuit se garer devant l'immeuble. Étrange raccourci : ce qui était séparé se rejoint – le bonheur des Angles et le malheur de Seules... Mon cœur me semble sur le point d'éclater.

Mais au moment où je m'apprête à descendre à la rencontre de parrain et marraine, je me sens retenue par l'épaule. Plus menaçante que jamais, ma mère me répète une dernière fois la consigne :

– Pas de blague, Catheline ! Et surtout, ne leur montre pas que leur visite te fait plaisir.

J'essaie de me dégager :

– Tu entends ce que je te dis ?

– Oui !

Je descends l'escalier sans courir et demeure immobile sur le perron de l'immeuble, ne sachant plus quelle attitude adopter. Depuis le balcon me parviennent les remarques acerbes de Maupin et de ma mère :

– Il a encore grossi, la Cèpe, dit l'un.

– Elle a sorti les fourrures et tout le bataclan, enchérit l'autre.

– Attends une minute, je vais t'ouvrir le coffre.

La voix de mon parrain ! La voix des contes, des chantiers et des cadeaux ! La voix des chasses au congélateur... J'oublie mes larmes. Je m'élance à la rencontre de Gabriel – en cet instant, je comprends que tout est encore possible.

– Comment elle va, ma Cacate ?

Prononcé par lui, ce petit nom retrouve toute sa charge d'amour. Je saute au cou de mon parrain, qui se cambre pour mieux m'observer :

– Mais qu'est-ce que tu as au visage ?

– Rien, c'est en jouant.

Gabriel inspecte les éraflures :

– Montre un peu... Te voilà bien arrangée, dis-donc !

– C'est en jouant avec Didier.

– C'est bien vrai, ce mensonge ? demande Caro – mais d'un ton qui ne traduit pas vraiment d'intérêt particulier pour ma réponse.

Plongée dans le coffre jusqu'à mi-corps, elle en extrait un tas de jouets et de bonbons – manne inespérée que Didier s'empresse de récupérer.

– Et Karim ? Elle va bien ?

– C'est qu'elle aurait voulu venir, tu sais. Mais ta marraine ne veut pas de poils dans la voiture.

Une raison qui en vaut une autre... En remontant à l'appartement, je me surprends à espérer que ma mère et Maupin vont faire bonne figure devant Gabriel et Caro. Étrange réaction : je devrais souhaiter que la vérité éclate et que ma situation apparaisse dans toute son horreur aux seules personnes capables de me sauver – au lieu de quoi je tremble que mes bourreaux n'apparaissent sous leur vrai jour. Fierté mal placée ? Souci de ne pas donner à ceux que j'aime une occasion trop criante de révéler leur lâcheté ?

En fait, l'accueil est glacial.

– Ça sent bon, lance néanmoins « la Cèpe ».

– C'est rien, répond ma mère. J'ai fait cuire un poulet, c'est tout.

– L'appartement est petit, reprend Caro. A six, ce ne doit pas toujours être facile...

– Si, répond ma mère. Ça se passe très bien.

Didier m'a déjà dépouillée de mes cadeaux. Je cours demander justice au patron :

– Il m'a pris le pistolet de cow-boy et...

– Catheline !

Ma mère me scrute de son œil très noir :

– Tu sais ce que j'ai dit !

Je me renfrogne, sans trouver la force d'en appeler de nouveau à qui de droit. Du coin de l'œil, j'aperçois Gabriel qui parle avec Maupin – chacun devant son verre de pastis... Je ne sais plus si le gros homme qui se prête aussi aisément au jeu est bien mon parrain chéri et si la femme qui l'accompagne répond toujours au nom de Caro... J'ai le sentiment que les vrais sont demeurés là-bas, au loin dans leur belle maison des Angles et qu'ils n'ont envoyé vers moi que des répliques d'eux-mêmes, des figurants sans cœur.

*

L'appel que nous avions lancé devait paraître dans les journaux locaux trois semaines d'affilée. Cependant, les rares personnes prêtes à nous aider se manifestèrent dès la première parution. Rien de bien concluant pour autant : notre répondeur se remplit d'encouragements aussi gentils qu'inutiles et de renseignements d'autant plus superflus qu'ils n'étaient pas accompagnés des coordonnées de leurs auteurs. Heureusement, au milieu de ces messages trop prudents figurait une réponse plus spontanée que les autres. « Bonjour, disait la voix féminine. Je m'appelle Annette Aubier et je vous contacte au sujet de l'annonce que vous avez fait paraître. Il se trouve que j'ai bien connu Gabriel Bontemps, puisque il était mon oncle, le frère de mon père. J'ai aussi connu Caro, sa première épouse, et pourrai vous donner des précisions si vous me rappelez. Voici mes coordonnées... » Suivaient un numéro de téléphone et une adresse, à Nyons.

C'est ainsi que nous entrâmes en contact avec Annette et Maurice Aubier, qui nous reçurent un dimanche dans leur résidence secondaire. C'était la première fois que je rencontrais une personne de la famille de Gabriel et je m'efforçai de trouver, dans le physique d'Annette, quelque trait susceptible de trahir un lien de parenté avec lui. Mais sous les cheveux blonds bouclés par une « permanente », derrière le maquillage aussi soigneux qu'impersonnel, je ne pus rien déceler qui rappelât mon parrain.

– C'était quand même un sacré lascar, mon oncle Gabriel ! nous confia-t-elle d'emblée.

Et d'évoquer à l'envi toutes sortes de frasques auxquelles il se serait adonné... A notre surprise,

Maurice ne fut pas le dernier à livrer sur « la Cèpe » des anecdotes croustillantes : il avait en effet travaillé – lui aussi – pour l'entreprise de maçonnerie. Et il en conservait des souvenirs peu édifiants :

– Quand on était en déplacement, avec votre parrain et les autres, on s'arrangeait pour se lever tôt le matin, sans faire de bruit et pour se sauver de l'hôtel sans payer. On faisait de ces courses, j'aime autant vous dire !

– Dis-donc, Maurice, tu te rappelles le coup de la valise pleine de dollars ?

– Et comment ! Figurez-vous que la Cèpe était tombé par hasard sur un Américain en vacances, qui transportait toutes ses devises dans une malette. Mon Gabriel ne fait ni une, ni deux : il embarque la valise et se met à changer partout des dollars !

– Sauf qu'il s'est fait repérer et qu'on l'a coffré. Il a dû passer quelques mois à l'ombre...

J'avais entendu dire en effet que Caro m'avait emmenée lui rendre visite en prison. Mais je n'en conserve aucun souvenir.

– C'est toujours pour des faux pas comme celui-là que les escrocs se font pincer, continua Maurice sans prendre de gants.

Claude en profita :

– Tandis que dans ses affaires, il n'a jamais été inquiété.

– Jamais ! « Je dois être béni des dieux », qu'il disait. Tu penses, oui ! Béni des dieux !

– Il aurait eu des appuis bien placés ?

– Je ne sais pas. En tout cas, il n'était pas le dernier pour arranger des coups. Il trouvait toujours une solution aux situations compliquées. Et puis, il entretenait des liens avec toutes sortes de gens un peu louches. Quand il est parti pour la Corse, d'après ce que je sais, il n'a pas eu de mal à trouver de gîte là-bas. Vous me suivez ?

– Jutement, repris-je. Vous savez pourquoi il est parti ?

– Non... Il a pris sa décision brusquement. Selon moi, il avait peur de quelque chose, ou de quelqu'un.

– Peur de José Maupin, par exemple ?

– De Maupin ou d'un autre, allez savoir ! En tout cas, il devait avoir de bonnes raisons, puisqu'il s'est mis au vert plusieurs années.

J'appris au passage dans quelles conditions Suzanne avait rencontré son second mari : José Maupin avait été chargé de surveiller l'épouse infidèle de Dany Parodeau. Comme souvent, l'ange gardien avait succombé aux charmes de sa protégée – une anecdote banale, somme toute, mais qui devait entraîner pour moi les plus terribles conséquences.

Sur le chapitre de ma marraine, Maurice et Annette se montrèrent d'un seul coup moins diserts. Leur réserve tenait-elle à ce que Caro fût encore en vie ?

– Bien sûr qu'elle est encore en vie, s'écria Annette quand Claude lui posa la question. Je vous l'ai dit au téléphone...

– Elle a eu une saloperie à la tête, il y a quelques années, concéda Maurice. Une tumeur au cerveau. Mais ça ne l'a pas tuée. A ma connaissance, elle habite en Arles, dans le quartier des arènes.

Annette opinait du chef. Elle me certifia que si Caro avait dû mourir, elle en aurait été avertie « par les uns ou les autres ». Elle eut aussi le réflexe de nous confier son véritable état civil : Marthe Rolin. Première nouvelle...

– Tu veux voir des photos ? me demanda-t-elle vers la fin de notre entrevue.

J'acceptai avec plaisir et découvris, émerveillée, un certain nombre de clichés où l'on me voyait, petite fille, dans les bras de Caro.

– On peut dire qu'ils ne te quittaient pas, fit remarquer Maurice. Qu'ils se rendent à Paris ou ailleurs, tu étais toujours du voyage... Pauvre Gabriel ! Il a souffert, quand tu n'as plus été là.

J'échangeai avec Claude un regard de surprise. Je venais de m'apercevoir qu'Annette et Maurice m'avaient bien connue petite et avaient même été témoins des réactions de mon parrain après ce que j'appelais encore mon « enlèvement »... Mais dans ce cas, comment ne pas penser qu'ils en savaient plus qu'ils ne voulaient bien le dire ? Claude ne paraissait cependant pas disposé à insister trop lourdement et je louai sa prudence. Nous remerciâmes comme il se devait la nièce de Gabriel et son mari. En acceptant de nous parler franchement, ils m'avaient redonné courage – et nous avaient remis sur la piste de Caro.

C'est Claude, une fois de plus, qui décida la semaine suivante de se rendre en Arles, afin de retrouver ma marraine. Moi, j'appréhendais un peu cette rencontre. Non que je n'aie eu très envie de serrer dans mes bras cette femme jadis si bonne et que j'avais aimée comme une vraie mère, mais je craignais de la retrouver différente de ce qu'elle était dans ma mémoire. Encouragée par mon mari, j'acceptai néanmoins de prendre le chemin d'Arles.

Arrivés dans le quartier des arènes, nous établîmes notre plan de campagne. Par où commencer ? Où trouver Caro – et déjà : où la chercher ? Ces questions n'embarrassèrent pas Claude très longtemps.

– Pour retrouver une personne âgée, me dit-il, on s'adresse à un club du troisième âge.

Un commerçant nous indiqua le club local, installé dans une maison médiévale restaurée. Nous y fûmes reçus dans le désordre et la confusion d'une fin de repas, bien arrosé semblait-il. Plusieurs personnes connaissaient Marthe Rolin et l'on se disputa presque le privilège de nous renseigner :

– Madame Rolin ? Bien sûr qu'on la connaît. Elle vient même ici, de temps en temps.

– Elle habite du côté de la rue du Prévôt, dans l'impasse des Quillets, ou aux environs.

Dire que ces gens parlaient de ma chère Caro, depuis si longtemps disparue pour moi ! Leur ton naturel, pour ne pas dire désinvolte, me perturba. Heureusement, Claude ne se démontait pas si facilement. Il nota leurs indications et me conduisit sur les lieux.

Rue du Prévôt, impasse des Quillets... Nous parcourûmes en tous sens ces venelles mal indiquées ainsi que les rues voisines. En vain. Nous avions beau nous arrêter à chaque sonnette et même en tirer quelques-unes, cocher le plan des rues numéro par numéro, revenir sur nos pas, chercher encore, interroger les passants et recouper leurs dires... Le soir finit par tomber et le froid avec lui. J'avais perdu courage et voir Claude s'acharner me déprimait.

– Je crois qu'il vaut mieux nous arrêter pour aujourd'hui, finit-il par m'accorder.

– Je crois même qu'il vaut mieux nous arrêter pour toujours !

Il ne répondit pas. Mais je sais aujourd'hui qu'il était loin de partager mon défaitisme.

Évoquant les années heureuses, puis si malheureuses, de mon enfance, j'avais eu jusque-là l'impression de remonter à des sources sans âge. Or, tous ces événements n'étaient finalement pas si vieux : les souvenirs de mon enfance ne me ramenaient jamais que vingt-cinq ans en arrière. Révélation tardive : c'est en entendant les retraités d'Arles parler de Caro comme d'une voisine bien en vie que je pris conscience de la relative actualité de mon passé. En somme, la plupart des lieux, la plupart des gens, n'avaient pas tellement évolué depuis le début des années 70.

La preuve m'en fut administrée lors du pèlerinage que Claude m'imposa, pour ainsi dire, à Seules-sur-Vèze. J'avais toujours soigneusement évité de revenir dans ce quartier bétonné et seule la persuasion de mon mari avait pu triompher des peurs qui m'en tenaient éloignée. Soucieuse de prouver à Claude ma bonne volonté, j'acceptai de le guider jusqu'au pied de l'immeuble.

Plus de vingt années avaient passé. Or, je fus stupéfaite de constater que presque rien n'avait changé : même aspect sinistre de l'entrée et de la cage d'escalier, même linge pendant aux fils dans la cour. Boîtes aux lettres aussi défoncées que jadis – et portant des noms identiques ! En lisant notamment celui d'une certaine Mme Boutin, je sentis soudain l'angoisse me submerger :

– Ce n'est pas possible, Claude. Ce sont les mêmes personnes qu'à l'époque !

Non seulement je reconnaissais les noms, mais les physiques aussi me frappaient : tous ces gens avaient si peu changé ! Et moi, étais-je toujours la même ? L'adulte épanouie gardait-elle quelque chose de l'enfant martyr ? La réaction du premier locataire semblait l'indiquer :

– Qu'est-ce que vous faites ici ? Ne me dites pas que vous allez revenir habiter l'immeuble...

Nous crûmes d'abord qu'il me reconnaissait et nous restâmes figés sur place. En fait, il m'avait prise pour ma mère. La locataire du rez-de-chaussée commit la même confusion un peu plus tard.

– C'est que vous lui ressemblez tellement...

Il est vrai que si, de visage ou de morphologie, je ne présente aucun point commun avec Suzanne, mon apparence est en revanche très proche de la sienne : j'ai toujours, comme elle, porté des vêtements noirs qui se fondent avec ma chevelure. Il n'empêche : la comparaison me glaça les sangs. Et c'est au prix d'efforts inouïs que je parvins à surmonter mon émotion.

– Est-ce que vous vous souvenez de Catheline ? demandait Claude à cette grosse femme qui avait si souvent détourné le regard en me voyant maltraitée.

– En gros, oui... Je crois...

– Et vous vous souvenez de José Maupin ?

La femme se tut aussitôt. C'est aussi ce qu'avait fait le premier témoin, dans l'entrée – sans parler des deux ou trois habitants qui acceptèrent de nous entrouvrir leur porte.

– Ils ont peur, me dit Claude. Ils sont morts de trouille !

En effet. Chez les habitants les plus âgés de l'immeuble, le seul nom de Maupin semait l'épouvante. La moins tétanisée fut encore la fameuse Mme Boutin qui s'écria, quand j'évoquai Maupin :

– Ne me parlez pas de cet engin-là ! Je ne sais rien à son sujet.

– Rassurez-vous, madame, il est mort. Mort et enterré.

– Ça, j'aimerais le voir pour en être sûre !

– Mais puisque ma femme vous le dit ! José Maupin ne peut plus vous faire aucun mal.

– Si c'est pas lui, ce seront ses copains. C'est qu'il en connaissait, de la pègre, ce coco-là !...

Claude essaya de passer outre aux réticences de la vieille dame.

– Est-ce que vous seriez en mesure de raconter ce que ce José Maupin faisait subir à ma femme, quand elle était petite ?

– Rien du tout. Je ne me souviens de rien concernant ce type-là.

Même mort, il continuait de tenir tout le monde en respect. Comme le remarqua Claude, pour dédramatiser la situation : « Pour qu'ils acceptent de parler, il faudrait leur apporter les ossements de Maupin sur un plateau... »

Fallait-il que la peur qu'inspirait cet homme ait été grande pour que, plus de vingt ans après, son seul nom suffît encore à coudre les lèvres ! Les gens n'avaient rien oublié de l'aspect patibulaire du personnage, de son comportement toujours provocateur, de sa façon peu discrète de faire savoir à tous qu'il était armé – sans oublier la réputation qu'il traînait avec lui d'avoir ses entrées dans le grand banditisme. Ainsi Maupin avait-il su terroriser son monde. Les voisins, les enseignants et la psychologue, Gabriel Bontemps lui-même. Et Suzanne, bien sûr. Quant à moi... Si tous ces adultes prenaient peur à l'évocation de son nom, on peut s'imaginer quelle impression il pouvait faire sur une petite fille de sept ans dont il avait fait son esclave.

Ce retour à Seules-sur-Vèze avait fasciné Claude. Mon mari avait pris plaisir à replacer ce qu'il savait de mon enfance dans ces lieux au demeurant inchangés. Moi, j'en revenais plutôt déstabilisée. L'afflux d'émotions négatives provoqué par ces lieux maudits me paraissait insurmontable dans l'immédiat... Et, de retour à la maison, je sombrai pour plusieurs jours dans ce qu'il faut bien appeler une dépression.

•

Je me revois perdue au milieu des tours de H.L.M., pliée en deux par une douleur aiguë au ventre. Le sang bat fort à mes tempes. J'ai la tête lourde, la gorge nouée. Je voudrais pleurer et ne parviens qu'à gémir. J'ai peur. Peur de Maupin.

Ce matin, ma mère m'a envoyée faire les courses, munie d'un billet de cinquante francs. Le billet était plié en quatre dans un porte-monnaie d'enfant, une petite bourse en plastique ornée d'une tête de gamin avec des taches de rousseur et une casquette. Je serre cette bourse un peu plus fort dans mon poing, au moment de dépasser un groupe de garçons d'une douzaine d'années :

– Fais-voir ton porte-monnaie comme il est joli, dit un grand après avoir repéré l'objet.

– Non, c'est le mien.

– Je sais bien que c'est le tien ! Je veux pas te le prendre ! C'est juste histoire de voir le dessin.

– C'est une tête, rien d'intéressant.

– Allez, quoi, montre !

– Si je te le fais voir, je vais me faire engueuler.

Le garçon tend la main en avant et, d'un geste rapide, l'ouvre pour la retirer aussitôt :

– Tu fais juste comme je viens de faire...

Je tends le porte-monnaie. D'un geste plus rapide encore que le précédent, il s'en empare et disparaît à toutes jambes, encouragé par le petit groupe qui s'esclaffe. Je suis anéantie. Je n'ose pas envisager mon retour. Alors, que faire ? M'enfuir ? Mais pour aller où ? Me tuer ? Je n'y songe pas vraiment. Pendant de longues minutes – une demi-heure peut-être – je cherche une échappatoire, tout en sachant qu'il n'en existe aucune. Je vais devoir subir la colère de Maupin (des années plus tard, ces mots me donnent encore la chair de poule).

Sur le trajet jusqu'à l'appartement, je cherche quels mots utiliser pour annoncer la nouvelle mais, en arrivant, ce sont les plus simples qui s'imposent :

– On m'a volé le porte-monnaie.

Ma mère ne paraît pas vraiment surprise :

– Avec l'argent ?

– Oui...

– Tu l'as fait exprès, ça t'amuse ?

– Non...

Elle me dénonce à Maupin :

– La gamine s'est fait voler du fric.

– Combien ?

– Je ne sais pas. Combien, Cacate ?

Je suis tellement angoissée que ma réponse est à peine audible. Maupin en profite pour approcher. Il me murmure à l'oreille :

– Combien, tu dis ?

– Cinquante...

– Comme tu voudras.

Brutalement, il me frappe le front du bout de la main. Je me cache aussitôt le visage.

– Un, dit-il. Et... deux !

Nouveau choc violent, entre les omoplates cette fois. Puis un coup de pied très sec dans les reins. La correction ne cesse de croître en violence. Cela ne finit plus. Tombée sur le carrelage de la cuisine, je demeure prostrée, pelotonnée, protégeant autant que possible mon visage – j'attends que l'orage passe. Les coups s'abattent.

– Et cinquante... Plus un pour la route.

Le dernier coup de pied m'enfonce les côtes, mais il y a déjà un moment que je ne sens plus rien. Je suis inerte, même si je ne perds pas tout à fait connaissance. Maupin demande à Didier de l'aider à me transporter au lit, où je sombre aussitôt dans un état comateux. Au bout de quarante-huit heures, mon état finira par s'améliorer, mais je resterai tellement commotionnée qu'on me dispensera d'école pour quelques jours. Ce qui ne signifie pas pour autant que je pourrai me reposer : ménage, repassage, corvées de tout ordre... Je n'aurai pas le loisir de m'apitoyer sur mes malheurs.

4

L'anxiété me dévore jour et nuit – oui, même la nuit. Car ma mère, lorsqu'elle ne parvient pas à trouver le sommeil, m'oblige à me relever à n'importe quelle heure, afin de lui préparer une tisane ou de lui masser les pieds – tandis qu'elle me tire les cheveux ou me frappe avec une casserole...

Aussi me suis-je habituée à vivre dans l'incertitude de ce qui m'attend. Un moment de calme peut toujours annoncer la crise... Or, l'angoisse qui me ronge me donne mal au ventre. Les intestins me brûlent. À tout moment, je cours aux toilettes, prise de diarrhées. Un matin, m'étant laissé surprendre, je ne parviens pas à me déculotter à temps... Ma mère s'en rend compte :

– Tu t'es chiée dessus, ou quoi ? Allez, donne-moi ta merde !

Affectant le plus profond dégoût, elle enferme ma culotte, pleine d'excréments jaunâtres, dans un sac en plastique.

– Tu mangeras ça ce soir.

Je hausse les épaules, ce qui me vaut de recevoir une gifle. Or le soir, en arrivant à table, je constate avec un serrement de cœur qu'il y a un couvercle sur mon assiette. En le soulevant, je retrouve ma petite culotte – pleine de ce qu'elle contenait le matin.

– Tu manges bien tout, ordonne ma mère. Et comme il faut, avec le couteau et la fourchette !

– Ça pue ! lâche Didier en se bouchant le nez.

Je reste un long moment inerte. Il n'y a pas d'échappatoire. Mon estomac s'est noué, une fois de plus. Avec la pointe de la fourchette, je décolle un peu de caca séché et le porte à ma bouche. C'est si mauvais que je recrache tout, avec beaucoup de salive.

– Allez, allez, pas d'histoire. Pour toi, c'est déjà trop bon. Tu es bonne à manger de la merde, oui ou non ?

Je m'efforce de ne surtout penser à rien. Comme un automate, j'avale une petite bouchée, puis une autre et encore une autre. Soudain, je réalise que je suis en train de manger des excréments et je dois réprimer un haut-le-cœur. Il me faut pourtant déglutir... Mon frère et mes sœurs, d'abord dégoûtés, se sont pris au jeu. Ils rient comme à une fête et m'encouragent à relever le défi jusqu'au bout. Il faut que je finisse mon assiette de caca.

Ma mère est restée un peu en retrait. Elle ne se mêle jamais à l'excitation générale. Dans les moments de ma plus grande détresse, je la sens même communier avec ce qui, en moi, surmonte l'aversion. Comment interpréter cette attitude ? J'ai parfois l'impression qu'elle est elle-même prise de vertige en considérant ce qu'elle ose m'infliger.

Tous mes dîners ne sont pas aussi répugnants et la plupart se composent, pour moi, d'oignons crus. Quand, par miracle, je bénéficie du même régime, que les autres, je dois m'estimer heureuse. Un soir, je hasarde pourtant une remarque à propos du potage :

– C'est relevé.

Ma mère est debout derrière moi :

– Mets-lui du poivre dans sa soupe, dit-elle à Didier.

Cet imbécile attrape la poivrière et commence à saupoudrer mon assiette de grains noirs, minuscules. Soudain ma mère lui arrache des mains la petite boîte, ouvre tout grand son opercule et en verse le contenu dans mon assiette. Maupin secoue la tête en signe de réprobation :

– C'est pas donné, le poivre, dit-il.

– Mange, Cacasse ! Vite !

J'observe, consternée, le petit tas de poivre au milieu de mon assiette de soupe.

Ma mère s'est rassise à table.

– Remue ! Remue dedans, tu vas voir comme c'est bon.

Joignant le geste à la parole, elle prend une cuillerée du liquide et tente de me le faire ingurgiter. Je serre les lèvres et détourne la tête, ce qui me vaut de grands coups de pied dans les jambes. Mes frère et sœurs ricanent. Je serre les dents.

– Mange ! Avale tout !

A la première cuillerée, je me rends compte que le poivre, à ce degré de concentration, enflamme le nez et les yeux de façon douloureuse – comme des aiguilles qu'on enfoncerait dans mon palais. Je recrache le liquide dans l'assiette, ce qui scandalise ma mère.

– Tu vas manger ? Qu'est-ce que tu attends ?

Didier trépigne sur sa chaise. Maupin lui fait signe de se calmer. Ma mère est hors d'elle. Plissant les yeux pour se donner l'air encore plus méchant, elle ordonne tout bas :

– Je veux que tu avales ça !

Je pleure. De la morve me coule du nez. Déchirant un morceau de mie, elle essuie ce qui coule et me le présente à manger :

– Ouvre la bouche !

Je desserre les mâchoires et reçois, en hoquetant, le pain couvert de morve.

Heureusement, les dîners à table sont assez rares. En temps normal, le soir, les enfants se contentent de café au lait avec des biscuits ou du pain. En effet, soit ma mère et Maupin mangent tous les deux à part, ou alors ils ont trop bu pour assurer le repas. Comme dit mon frère ces jours-là : « Eux, ils bouffent liquide »...

J'ai droit dans tous les cas à mon régime spécial. Du plat de macaronis au gratin, je ne prendrai jamais que le fumet appétissant. Du chocolat chaud, je volerai seulement l'odeur sucrée. J'aimerais tellement pouvoir en attraper une goutte, la savourer ! Mais cela, il ne faut pas y compter :

– Toi, tu as tes oignons.

Régime invariable : je dois avaler mes sempiternels oignons crus. Pendant quelque temps, j'ai bien eu droit au hareng mariné, parce que j'avais réussi à faire croire que je détestais ça... Mais dès que ma mère s'est rendu compte qu'en fait, je me régalais, elle m'a aussi retiré le hareng.

Oignons, oignons, oignons.

– Régale-toi, me dit-elle. Mâche bien.

Avec le temps, je m'y suis fait. J'ai appris à peler l'oignon, couche par couche et à n'en avaler le cœur, très fort et très piquant, qu'en tout dernier – après m'être accoutumée au goût...

– Ça chlingue ! lance Liliane en se détournant de mon assiette.

Et elle affecte de s'évanouir, rien qu'à l'odeur. Du coup, Christelle rit, sans trop savoir pourquoi.

– Allez, Cacate, avale tout. Tu en auras un autre, après...

Le regard de ma mère, dans ces moments-là, son demi-sourire, provoquent en moi une révolte que je ne peux, bien entendu, jamais exprimer.

– Il va falloir lui faire croquer du sucre, rappelle Maupin.

Il craint que l'institutrice ne décèle sur moi l'odeur d'oignon cru. Aussi, avant de partir pour l'école, dois-je ingurgiter d'affilée plusieurs morceaux de sucre. Mais ça ne change pas grand-chose. L'odeur ressort :

– Ce que tu peux sentir l'oignon ! me disent les autres.

– Oui, pourquoi est-ce que tu sens toujours l'oignon, comme ça ?

Je ne me démonte pas :

– C'est que j'aime beaucoup les oignons. J'en mange des tonnes, c'est très bon.

– Beurk, moi, j'aime pas ça...

Ces oignons crus me nourrissent mal. Pour tromper ma faim, je peux toujours imaginer que j'ai fait un bon repas. Mais quand la fringale est trop forte, je tâche de l'apaiser en cachette – notamment en faisant la poubelle : épluchures de pommes de terres, croûtes de cantal ou d'autres fromages, miettes diverses, font souvent mon régal.

La vraie solution, ce sont les courses. Le pain, notamment, me fait saliver dès que je le touche : je l'attaque alors par les croûtes qui dépassent, en prenant garde de les égaliser pour qu'on ne voie pas mes rognures. Fascinée par ce pain tout juste entamé, je déchire vite ses flancs nacrés, ménageant sur les côtés des cratères qui passeront pour un défaut de cuisson... Seulement je ne peux bientôt plus m'arrêter. J'arrache encore, ici et là, quelques languettes de mie. Mon petit index fouille le cœur du pain pour en retirer ce qui veut venir, jusqu'à le vider par endroit, jusqu'à le gangréner – plus aucune chance que cela passe inaperçu –, alors tant pis : quitte à me faire frapper, autant que ça en vaille la peine. Je creuse l'intérieur pour me gaver de toute la belle mie moelleuse ! C'est ainsi. J'ai tellement faim que la crainte des coups ne suffit plus à me dissuader.

– Cacate, tu prendras de la brandade chez le poissonnier !

De la brandade ! « La vraie de vraie », comme le proclame un panonceau devant la boutique. De la brandade servie, toute fumante encore, dans un sac simplement noué par ses anses...

– Voilà, ma petite. Régale-toi bien !

La poissonnière m'aura poussée au crime ! Dès le coin de la rue, je dénoue fébrilement les anses et commence par prélever une lichette de morue bien chaude. Puis une autre, et une dernière, et la der des der... Arrivée à la maison, il n'y a plus, dans le fond de la poche, qu'un reste de brandade inutilisable.

Avec le temps, j'apprendrai à me nourrir plus discrètement. J'achèterai chez les commerçants un peu plus que la portion nécessaire. Je volerai aussi de petits articles – chocolat, barres nutritives – qui disparaîtront des rayons pour venir calmer ma faim. Et je finirai, avec l'expérience, par me nourrir mieux que mes frère et sœurs, tributaires des caprices culinaires de ma mère.

En attendant, je fais mon possible pour survivre. Tout ce qui peut se manger, je le goûte – y compris ces baies rougeâtres qui ornent, devant l'immeuble, des arbustes qu'on nomme piracantas. Les petites boules en sont d'autant plus sucrées que leur couleur se rapproche de l'orange vif. Mais elles restent farineuses, ce qui ne m'empêche pas d'en ingurgiter par pleines poignées. Je prends soin néanmoins de le faire en cachette. Car si ma mère surprenait le manège, elle serait capable de concocter, pour ma satisfaction exclusive, de la gelée de piracanta...

Le plus inquiétant avec Suzanne, c'est ce côté imprévisible qui lui permet de faire feu de tout bois. Je ne peux jamais anticiper ses attaques. Un coup de poêle dans les reins, de ciseaux dans le bras, ou de louche sur le crâne... Elle peut passer trois fois à côté de moi sans me faire de mal et soudain, à la quatrième, m'arracher sans prévenir une poignée de cheveux.

Maupin est moins surprenant – ce qui ne veut pas dire qu'il m'épargne davantage. Avec lui, les relations sont sans surprise. Un soir, peu de temps après mon transfert, je lui trouve un air fatigué, grincheux. Il file se coucher sans avoir dîné. Ma mère l'accompagne à sa chambre. Puis elle ressort la mine pincée et lance sans me regarder :

– Catheline. Va voir Papa dans la chambre. Il a besoin que tu lui grattes les pieds.

Je reste un instant interdite.

– Va lui gratter les pieds, je te dis !

Décontenancée par cet ordre inattendu, je remplace ma mère auprès de Maupin. La chambre est baignée dans une demi-obscurité. Seul un petit halo roseâtre s'échappe de la lampe de chevet.

– Approche, Cacate.

Il est allongé nu sur le lit.

– Vas-y, masse-moi les pieds, ça va me faire du bien.

Surmontant ma répugnance, je passe mes mains sur ses pieds moites. Un geste malhabile.

– Voilà, c'est bien, continue.

Tandis que je lui masse les pieds, sa voix rauque se met à ronronner. Je suis tellement mal à l'aise que j'en oublierais de respirer. Je me sens toute raide, je n'ose pas regarder son grand corps envahi de poils. Soudain, il se redresse à moitié. Prenant dans sa main mon poignet droit, il fait remonter ma caresse entre ses mollets, presque jusqu'aux genoux.

– Comme ça, c'est bien... Voilà...

Les secondes s'égrènent au radio-réveil. Je continue à lui toucher les pieds et les jambes, en espérant que ça finisse bientôt.

– C'est bon, Cacate. Tu peux y aller.

Je ne comprends pas ce qu'il me dit.

– C'est bon, laisse-moi.

Je retire ma main très vite, comme si sa peau m'avait brûlée. D'un bond, je regagne la porte de la chambre, d'où je sors avec soulagement. Ma mère n'est pas loin. Elle guettait ma sortie.

– Ça a été ? demande-t-elle d'un ton rogue.

Dès le lendemain, la séance reprend. Et cette fois, il me demande de laisser glisser ma main au-dessus du genou, entre ses cuisses, jusqu'à son sexe.

– Prends-le, vas-y, n'aie pas peur.

Devant mon hésitation, il s'énerve et me force à poser la main sur son grand pénis à moitié en érection. Je dois masser ce gros membre, le flatter. Mon cœur bat fort, je suis profondément honteuse et dégoûtée. Je voudrais partir, m'envoler ailleurs. Plus tard il me demande de remplacer les caresses manuelles par des caresses buccales. Dans un premier temps, je m'y refuse. Avec violence, il m'empoigne alors les cheveux et dirige mon visage à son gré.

Les yeux brouillés, des larmes plein la gorge, je me refuse de tout mon être à ce que je suis en train de faire : garder dans ma bouche le gland énorme de Maupin, jusqu'à ce qu'à ce qu'il me gave de son sperme chaud et nauséeux. Derrière mon crâne, sur le haut de ma nuque, la poigne ne faiblit pas. Je dois aller jusqu'au bout.

– Fous le camp, maintenant.

Éperdue, ivre d'angoisse, je me traîne jusqu'à la porte. Dans le couloir, ma mère m'attend, seule. Mon frère et mes sœurs sont dans leur chambre.

– C'était bien ? Tu lui as « gratté les pieds » ?

Je fais oui de la tête. Ma mère m'assène un grande bourrade. Je manque de tomber à genoux.

– Tiens, dit-elle, mange un morceau de sucre. Pour l'odeur...

Dans les jours qui suivent, le supplice va se répéter, s'ancrer, se ritualiser. La moindre occasion est bonne. Il suffit que ma mère passe un moment dans la cuisine, ou s'absente au bureau de tabac pour que, depuis la chambre, la voix rauque m'interpelle :

– Cacate ! Tu viens ?

Je dois me soumettre, caresse après caresse, fellation après fellation. Il s'arrange pour que ma mère soit occupée à ces moments-là, mais la précaution est inutile. En fait Suzanne comprend parfaitement ce qui se passe et va jusqu'à me conseiller de « bien m'appliquer ». Quand elle me voit sortir de la chambre, le visage mouillé de larmes et le souffle court, elle sait bien que Maupin ne s'est pas contenté d'un massage des pieds... Sinon pourquoi me donnerait-elle du sucre à croquer ? Surtout, pourquoi son visage s'empourpre-t-il au moindre regard que Maupin m'adresse ? A ses yeux, je suis déjà passée au rang de rivale. Et je ne serai pas surprise quand elle s'inquiétera de mon savoir-faire :

– Au fait, demande-t-elle un jour à son amant, la gorge serrée. Elle fait ça mieux que moi ?

Faute de pouvoir empêcher Maupin de prendre du plaisir avec moi, ma mère se surpasse pour le satisfaire. Un après-midi de l'été 1972, je suis en train de m'ennuyer avec mes sœurs sur le balcon, pendant que tous deux se reposent dans notre chambre, celle qui donne sur le devant de l'immeuble. Il fait chaud.

Soudain, les persiennes s'entrouvrent et laissent apparaître le visage pas rasé de Maupin.

– Cacate, viens voir par ici.

Suzanne et lui sont nus tous les deux. Il me fait asseoir près d'elle sur le lit et lui demande d'écarter les cuisses. Ma mère fait mine de refuser en gloussant.

– Mais si, je t'assure. Tu vas voir comme elle est experte. Pas vrai Cacate ?

Ma mère s'est mise en position et Maupin guide ma main jusqu'à sa toison. Pendant de longues minutes, je dois la toucher, la triturer, jusqu'à ce qu'elle jouisse sous mes caresses. Impression atroce de ma petite main perdue dans un sexe de femme...

Dehors, mes sœurs se sont tu – comme toujours dans ces moments-là. Elles ne peuvent pas ignorer qu'il se passe des choses interdites dans la chambre. Mais elles ne veulent rien savoir – sur ce sujet, je n'aurai même pas droit à leurs moqueries habituelles. Je suscite, au mieux, leur indifférence.

J'ai toujours pensé – et je me suis souvent juré à moi-même – qu'un jour je me vengerais de toutes les misères que m'ont fait subir Maupin et ma mère, avec la complicité de Didier, Liliane et Christelle. Je ne savais pas quelle forme cela prendrait, ni à quel période de ma vie je finirais par en trouver le moyen. Mais aux pires moments de mon calvaire, la certitude d'une revanche future m'aidait à surmonter l'épreuve.

– Je n'oublierai pas ce qu'ils me font. Je le leur ferai payer.

Dès que je me retrouvais seule, j'évaluais à voix haute les différents aspects de la situation, quitte à répéter deux ou trois fois ceux qui me paraissaient les plus difficiles à accepter. Pourquoi à voix haute ? Peut-être pour me donner le sentiment de dialoguer avec une présence amie. A moins que ma propre voix, m'enveloppant, n'ait dessiné autour de moi je ne sais quelle bulle familière, pour me donner l'illusion d'une intimité par ailleurs interdite...

En racontant aujourd'hui dans un livre ce qu'on me fit subir, je me dis que j'ai sans doute choisi, de toutes les réponses possibles, la moins gratuite – celle, en tout cas, qui peut le plus apporter à d'autres. La solution n'est pas dans une riposte aveugle et encore moins violente. Je sais bien que, si revanche il doit y avoir, c'est encore en étant devenue ce que je suis que je l'accomplis le mieux. Non, Suzanne, tu ne m'as pas détruite. Au contraire, tu m'as fortifiée contre ta volonté. Tu m'as poussée sans le vouloir à tirer de la vie tout ce qu'elle peut offrir de bon et de noble. Ton vice a fait de moi une amoureuse de la vertu.

Jour après jour, semaine après semaine, les séances avec Maupin vont se poursuivre. Certaines sont longues, interminables. Elles s'étirent sur un après-midi entier. J'ai l'impression d'avoir toujours été dans cet air confiné, dans cette lumière malsaine – soumise à son plaisir. Le week-end, les séances se succèdent à un rythme élevé, l'envie pouvant lui venir à n'importe quelle heure. Un appétit féroce.

– Cacate, tu viens ?

Je sais maintenant ce qu'il attend de moi et m'exécute au plus vite pour en être débarrassée. Je ne parviens cependant pas à m'y accoutumer. Le scénario varie peu, mais ne se banalise pas.

– On va essayer quelque chose, me dit un soir la voix rauque. Tourne-toi, écarte les fesses.

Effrayée, je refuse. Alors il recourt à la poigne et aux coups. Sans aucun ménagement, il introduit son gros sexe dans mon anus étroit de petite fille. La souffrance est pénible, l'humiliation, au-delà du dicible. Je voudrais le tuer – j'en éprouve le besoin, plus impérieux qu'une envie de vomir.

Dans les jours qui suivent, je resterai prostrée, incapable pour une fois d'affronter la réalité – et d'autant moins que l'épreuve se reproduit sans cesse, à intervalles très courts. La sodomie m'apparaît comme le degré suprême d'une lente dégradation. Parce qu'elle souligne la monstruosité de ce à quoi l'on me contraint, cette pénétration toujours douloureuse devient ma hantise. Je ferais n'importe quoi pour y échapper. Or plus je me défile et plus Maupin recourt à la violence, ce qui l'excite davantage encore – et me condamne à lutter pour son plaisir...

A bout de résistance, je décide de me confier à Liliane. Malgré son acrimonie, cette sœur lointaine est en effet la seule qui, dans la maison, ait conservé des attitudes à peu près normales – la seule dès lors à qui je puisse envisager de m'ouvrir.

– Liliane, tu sais, l'autre jour, il m'a... Comment te dire ?

– Ça me regarde pas. C'est tes affaires.

– Mais...

– Non, j'ai pas envie de t'écouter.

Qui aurait « envie » de m'entendre ? Mon parrain et Caro sont loin. Les voisins et les commerçants se voilent la face. Les enseignants, la psychologue, se sachant menacés, passent leur temps à conjurer le sort... Alors qui ? Les policiers ? A supposer que j'aille les trouver et que j'ose leur expliquer ce qu'on me fait subir, ils vont peut-être me prendre au sérieux et, dans le meilleur des cas, ouvrir une enquête... Mais le soir venu, ils me ramèneront chez moi ! Le temps que soient rassemblées des preuves, qu'un juge se saisisse de l'affaire, qu'une décision de retrait d'enfant soit prise à mon sujet, je vais rester dans l'antre du fauve – et je ne préfère même pas imaginer ce qui se passera.

Je sais que je suis en danger. Je sais aussi que personne ne me sortira de là. S'il revient aux oreilles de Maupin que j'ai pu divulguer, ne serait-ce qu'un détail de ce qui se passe à la maison, les conséquences pour moi seront fatales. Je dois me taire, m'accrocher, attendre que le temps passe. « Tant qu'il y a de la vie, il y a de l'espoir. » Ce proverbe va devenir ma devise. Tant qu'on respire et que le cœur bat, tout n'est pas perdu. Peut-être Gabriel viendra-t-il un jour me chercher pour me ramener aux Angles ? Peut-être un accident ou un maladie, les fauchant encore jeunes, me débarrasseront-ils de ma mère et de Maupin...

Je n'essaie pas non plus de m'enfuir. Trop risqué. Si jamais je parviens à m'échapper et que Maupin me remet la main dessus, je risque ma vie. De surcroît j'ai peur, tout bonnement peur, de ce qui pourrait m'arriver au-dehors. Au moins, chez ma mère, j'ai un toit et, plus encore, je bénéficie d'une relative sûreté. Ma vie a beau être très dure, au moins je sais à quoi m'attendre. Alors que dehors... Qui pourrait me dire quel accueil les gens réserveraient à une petite fugueuse ? Si ma propre mère est capable de sévices sur sa petite fille, comment savoir de quoi pourraient se montrer capables des étrangers ?

En 1972, les services d'assistance aux enfants maltraités n'existaient pas encore. Aucun numéro vert à composer. Mais je me pose parfois la question suivante : si cela avait existé, aurais-je eu le courage d'appeler des inconnus à la rescousse, connaissant le risque pour moi de lancer un appel à ce point hasardeux ? Aurais-je osé entrer dans une cabine publique pour appeler à mon secours des personnes invisibles, anonymes, lointaines ? Même si le numéro vert avait alors été en service, et à supposer que les lignes ne se soient pas trouvées encombrées en permanence, je crois que l'enfant presque sauvage que j'étais devenue aurait hésité à confier sa détresse à des personnes dépourvues de l'autorité de la police. Seul un homme de pouvoir, investi par l'État de la mission de protéger les enfants, sans délais et à jamais, aurait été susceptible de gagner ma confiance. Comme cet homme n'existait pas, j'ai continué, en secret, à subir mon calvaire.

Un après-midi d'été, en pleine chaleur. Maupin s'amuse comme un fou avec un pistolet à air comprimé. Posté à la fenêtre, il vise la porte d'un transformateur électrique, situé à une quinzaine de mètres, côté jardin.

– Tu me laisses tirer ? trépigne Didier. Allez, juste un coup !

– Fous-moi la paix, répond l'autre. C'est pas des jeux pour les gamins.

Maupin ne veut rien entendre. Sans se soucier du perturbateur, il s'applique à viser le battant de fer blanc sur lequel les plombs viennent s'écraser, avec un petit bruit sec et métallique.

– Touché ! jubile-t-il. Ça fait mouche à chaque coup.

– Forcément. La cible est grosse comme un éléphant !

Je comprends tout de suite que j'ai trop parlé.

– Tu préfères que je te tire dans le cul ?

Je ne réponds pas. Lui insiste :

– C'est vrai, la cible serait juste à la bonne taille...

La panique est en train de s'emparer de moi. Je ne respire presque plus. Mais l'orage semble vouloir passer sans éclater... Plus concentré que jamais, Maupin envoie deux nouveaux plombs sonores dans la petite porte. À chaque impact, je cligne maintenant des yeux.

– Allez, Cacate, va t'installer là-bas, lance-t-il tout d'un coup. On va voir si, d'ici, j'arrive à transformer ton petit cul en passoire.

Et il part d'un rire étrange, sifflant.

– Tu y vas, ou il faut que je t'aide ?

Tremblant de tous mes membres, je descends l'étage jusqu'au carré de pelouse derrière l'immeuble. Je me dirige vers le transformateur électrique.

– Vas-y, tourne-toi et baisse ton froc !

J'avale ma salive. Je me demande ce qu'il va se passer. Le plomb va-t-il venir se loger dans ma chair ? Je suis maintenant les fesses à l'air.

– Relève un peu ton polo !

Et tout de suite, plus tôt que je n'aurais pensé, le plomb vient me cingler les reins. La douleur est vive, comme si on me pinçait très fort et surtout très vite. J'essaie de voir si le plomb s'est enfoncé sous ma peau, mais on ne distingue rien. Un autre plomb m'atteint un peu plus bas, puis un autre et encore un autre. Je comprends que les petits projectiles retombent au sol après m'avoir mordu les fesses. La séance s'éternise, au milieu des rires bien gras.

– Elle est bonne, celle-là ! s'esclaffe ma mère.

Je ne peux jamais deviner à quel moment le coup va partir, si bien que ma respiration, retenue, crispée, devient saccadée. Je m'essouffle. Le supplice dure. Quand j'essaie de bouger, Maupin s'écrie :

– Bouge pas ! Tu vas me faire faire des conneries.

Mes sœurs battent des mains comme à la foire. Mais le plus excité, c'est encore Didier :

– A moi, ricane-t-il. Cette fois c'est mon tour.

– Laisse papa s'amuser tranquille, intervient Suzanne.

Au bout d'une longue demi-heure de ce traitement, j'ai le derrière rouge vif. Les chairs vont bleuir et me faire assez mal, deux jours durant, pour que je ne puisse pas m'asseoir. Mais bientôt je devrai recommencer et même de façon régulière. Cet été-là, je vais servir de cible vivante presque chaque jour, après la sieste ou pour accompagner l'apéritif...

Les voisins ne peuvent pas ignorer ce jeu cruel inventé par Maupin, puisqu'il se déroule juste sous leurs fenêtres. Pourtant personne n'intervient – tout le voisinage a peur. Mme Boutin, la locataire la plus proche, va jusqu'à laisser ses volets en tuile, pour bien montrer à tous qu'elle n'est pas censée savoir ce qui se trame sous ses fenêtres. Mais je sais que par l'entrebâillement, elle observe mes petites fesses meurtries. Ce que j'ignore, c'est si le spectacle la réjouit ou bien lui répugne.

Livrée à moi-même, je subis et tâche de survivre. Je n'envisage même pas de quitter ma mère. Nos relations sont tellement complexes ! D'un côté, j'ai le sentiment qu'elle rêve de me faire disparaître, que ma simple existence lui est pénible. D'un autre, je me demande s'il lui serait possible de se passer d'un souffre-douleur aussi docile et résistant. Car, en dépit de ce qu'elle m'inflige, ou précisément à cause de cela, Suzanne s'est accoutumée à ma présence souffrante.

Je repense à cette nuit où Christelle, la petite, s'est amusée à m'empêcher de dormir. Elle a passé des heures à se cogner mollement la tête contre le mur en répétant : « Ma-man, ma-man ». Or, depuis deux jours, j'ai particulièrement besoin de repos : je souffre en effet d'une molaire qui a infecté ma gencive. « Ma-man, ma-man... » J'ai essayé de la faire taire, répétant mille fois : « Christelle, arrête, arrête ! », en vain. Mon but était d'ailleurs moins de trouver le sommeil que d'éviter qu'on ne me punisse pour ce tapage nocturne : « Vous dormez dans le même lit et c'est toi la plus grande. Tu es reponsable... » Mais Christelle, abrutie par sa propre rengaine, continue de plus belle et ne s'endort qu'aux premières lueurs de l'aube, c'est-à-dire à l'heure où je dois quitter le lit.

Une fois levée, je constate que mon mal de dent a empiré. Me sentant faible, je déambule jusqu'à la cuisine pour y préparer le petit déjeuner de tout le monde. Tandis que chauffe l'eau du café, je descends au bureau de tabac acheter des cigarettes pour Maupin et ma mère.

– Bonjour, madame. Deux Celtique sans filtres et deux...

Dès qu'elle me voit, la buraliste ouvre de grands yeux :

– Mais qu'est-ce qui t'arrive ? Tu vois comme ton cou est enflé ?

– Oui, oui, je sais.

– Ta maman t'a vue, ce matin ?

– Pour l'instant, elle dort. Mais dès qu'elle sera levée, elle va me soigner.

– J'espère bien. Faut pas rester comme ça !

L'air inquiet de cette femme me tourmente. Et si c'était grave ? De retour à la maison, je constate avec soulagement que ma mère est levée : je vais pouvoir lui montrer mon cou.

– Maman...

– T'as bien fait la java, cette nuit ?

Elle s'approche de moi et applique une gifle sonore sur ma joue cuisante. La douleur est vive. Je perds l'équilibre, essaie de me rattraper à une chaise et m'affale sur le sol – sans connaissance.

Maupin prend vite la mesure de l'incident. Il me transporte jusqu'à la chambre, fait lever Liliane et Christelle, me couche en travers du lit. Pendant ce temps, ma mère a prévenu les pompiers qui ne tarderont pas à m'emmener aux urgences.

– Je trouve qu'elle a beaucoup de fièvre.

Dans la salle d'attente des dimanches matins, ma mère a pris mes mains dans les siennes et me regarde avec nervosité. Maupin aussi tourne en rond :

– Qu'est-ce qu'ils foutent ?

– Et si on l'emmenait dans un grand hôpital, un vrai ?

– Je vais voir ce qu'on peut faire.

A l'issue de longues palabres, Maupin finit par signer une décharge, puis il appelle une ambulance pour Nîmes.

– Je monte à côté d'elle, dit ma mère aux brancardiers, avant qu'ils ne referment la porte arrière.

Et du fond du brouillard où m'a plongée la fièvre, je vois soudain l'incroyable : ma mère, les traits tirés, le regard vague, est penchée sur ma civière. Et elle pleure en silence !

Oui, Suzanne qui passe ses journées à me brimer, qui me pousse dans le lit de son amant, cette même Suzanne pleure sur mon sort. A moins que ce ne soit à l'idée de perdre son souffre-douleur, ou en songeant à une vie, la sienne, où l'absurde le dispute sans trêve à la violence...

L'hôpital de Nîmes était prévenu, on ne m'y fait pas attendre. Des internes me prennent en charge dès l'arrivée. La dent extraite, la fièvre retombée, on me placera dans une petite chambre agréable, décorée spécialement pour les enfants. Là, je vais enfin pouvoir dormir sans crainte. Un sentiment de paix et de repos me gagne tout entière.

– Cacate, ma petite Cacate...

La voix aimée me tire du sommeil. Prévenus de mon séjour à l'hôpital, Gabriel et Caro sont venus jusqu'à moi. Et en rouvrant les yeux, ce sont eux que je trouve, souriants, à mon chevet. Adorables...

– Ça va mieux, ma chérie ? demande ma marraine en déposant entre mes mains un gros sachet de guimauve.

– Tu nous as fait peur, tu sais.

– Nous n'allons pas pouvoir rester longtemps...

Après cette nuit de repos, la visite de mes seuls vrais parents achève de me réconforter. J'essaie d'apprécier chaque minute de ce moment de joie, de le goûter si fortement qu'il en devienne éternel.

Demain – après-demain, peut-être – il faudra que je retourne à mes misères. Combien de temps encore pourrai-je les endurer ?

5

Un enfant qui encourt des sanctions au moindre prétexte finit, dans les faits, par jouir d'une impunité totale. C'est une question d'équilibre : puisqu'il n'existe pour lui aucun moyen d'éviter les sévices, il ne lui reste qu'à adapter son comportement au régime des sanctions. Cela permet au moins de supporter l'absurdité de la situation. Aussi le jeu pervers de Maupin et de ma mère a-t-il fait de moi, peu à peu, une « sale gamine ». Et si je commets des bêtises – beaucoup de bêtises même –, c'est, d'une certaine façon, pour justifier à l'avance les punitions qu'on m'infligera quoi qu'il advienne. J'ajoute, pour être tout à fait honnête, que mon tempérament espiègle doit bien y trouver son compte...

Quand je prépare un mauvais coup, Didier et Liliane ne sont jamais loin. Seulement eux ne participent pas : ils se contentent de me regarder prendre les risques et s'excitent sans conséquence. Ils sont plus âgés que moi et pourtant, j'ai toujours l'impression d'être leur aînée.

L'un de mes tours préférés : je ramasse dans la rue des crottes de chien bien molles, je les enveloppe dans du papier journal et je dépose le paquet sur le paillasson, devant la porte d'un appartement. Puis j'enflamme le tout à l'aide d'un briquet, sonne à la porte et cours me cacher. Généralement, l'occupant des lieux ouvre, découvre le papier en feu et... le piétine pour éteindre les flammes, étalant lui-même la crotte sur son paillasson.

Toutes mes bêtises sont de cet acabit : boîtes aux lettres éventrées à l'aide de pétards « mammouth », pneus de voitures crevés d'un coup de couteau, cage d'oiseaux domestiques dont j'ouvre la porte... Autant de gestes malveillants – bien que je n'en mesure pas vraiment la portée – et qui contribuent à faire de moi, en dépit d'un naturel plutôt bien disposé, ce qu'on appelle une « délinquante ». Cette évolution paraît déplaire à ma mère (qui me le fait payer cher), tandis que Maupin s'en réjouit :

– Alors, la Cacate, on a encore fait des conneries ?

Dans le ton de sa voix, je perçois moins de réprobation qu'une étrange satisfaction devant l'enchaînement des catastrophes. Maupin est l'homme des spirales dangereuses. Le jour de mes huit ans, il allume ainsi une cigarette et me la tend d'un air naturel :

– Tiens, dit-il, t'as intérêt à la fumer jusqu'au bout.

Timidement, je tire une bouffée de la Celtique, en essayant de cacher mon dégoût. Peine perdue. Ma toux et mes yeux rouges l'amusent – n'est-il pas lui-même malade des poumons ? Il va plus loin :

– Elle a besoin d'alcool, la Cacate, elle veut se torpiller la tronche !

Il remplit à mon attention un verre de Suze et me force à le boire, tout en m'allumant une deuxième cigarette. L'amertume du breuvage jointe à l'âcreté de la fumée me donne envie de vomir. Mais je sais que si je m'y risque, ma mère me forcera à manger mon propre vomi. J'aime encore mieux l'entendre s'exclamer :

– Partie comme ça, à dix ans tu fumeras ton paquet par jour !

Tel un démon, Maupin considère chacune de mes mauvaises actions comme une victoire pour lui. Afin de lui complaire et de m'épargner sa colère, je me dois d'être méchante et mal inspirée. Ainsi, je n'ai pas le droit d'être bonne élève. Sous la menace, je dois me forcer à encourir les punitions de l'institutrice. Si je ne rapporte pas, au moins une fois par semaine, un avertissement pour indiscipline, il n'est pas content – et la sanction est toujours très pénible. Alors, je me distingue, ce qui n'est pas très difficile : je suis plus grande que mes camarades, habillée différemment – surtout, je suis beaucoup plus délurée qu'eux.

Une fois punie, je peux rentrer soulagée :

– L'adjudant-chef m'a flanquée à la porte !

Maupin me dévisage :

– Qu'est-ce que t'avais fait ?

– J'ai mis la pagaille dans la classe.

– Elle t'a collée samedi ?

– Non...

– Elle aurait dû !

Et sans prévenir, il me décoche un coup violent à la mâchoire.

– Ça t'apprendra à te tenir.

Mais deux jours plus tard :

– T'as fait des conneries, aujourd'hui ?

– Non...

– Je te préviens : si on n'a pas reçu de convocation des parents avant la fin de la semaine, tu vas t'en mordre les doigts.

Les années passant, Maupin prendra l'habitude, le samedi matin, de venir s'asseoir sur un banc, juste sous les fenêtres de la classe. Il pourra ainsi s'assurer que je perturbe le cours à son gré. En l'absence de chahut, j'aurai droit à une punition. Mais dans le cas contraire aussi. Avec lui, les sanctions ne varient pas. C'est le motif qui diffère.

Il aime à me savoir chamailleuse, menteuse et même voleuse. Ainsi, les jours de marché, il m'oblige à chaparder chez les commerçants. Le plus souvent, je dois faire vite, si vite que je n'ai pas le temps de choisir ce que je prends. Un jour, un blouson pour Didier. Une autre fois, des gants pour Christelle. Ce matin, je dois rapporter à Liliane des chaussures d'été. Je m'approche d'un grand camion garni d'étagères où sont exposés les modèles. La peur me tenaille, mais je n'ai pas le choix :

– Bonjour madame.

Voleuse d'accord, mais polie. Tout le monde le répète : « Comme elle est gracieuse, cette enfant, toujours gentille, bien élevée... » J'ai repéré un sabot rouge. Non que le modèle me plaise particulièrement, mais sa position, tout au bout du rayon, devrait faciliter ma fuite. Le sabot droit est seul exposé. La marchande m'apporte le gauche :

– Ils sont un peu petits, on dirait...

Je ne peux quand même pas lui expliquer que Liliane chausse une pointure au-dessous de la mienne...

– Vous les auriez en plus grand ?

– Je vais voir ça tout de suite.

En fait, elle ne va rien voir du tout. A peine s'est-elle retournée que je m'enfuis en courant dans la première allée, renversant à moitié, dans ma course, le banc du fleuriste voisin. Un camelot a vu la manœuvre et me poursuit en criant : « Arrêtez-la, c'est une voleuse ! » Heureusement, personne ne l'écoute. Les sabots, trop petits, me ralentissent. Je les retire et, les serrant contre moi, me précipite pieds nus à travers les rues.

Il y a longtemps que le camelot a renoncé à me poursuivre quand je parviens aux abords de l'immeuble. Pourtant, je continue à me retourner pour m'assurer qu'il ne m'a pas suivie. C'est bon : une fois encore, j'ai réussi. Depuis la rue, je tends les sabots en direction de Liliane, qui se trouve par hasard sur le balcon. Affectant une moue prononcée, elle fait mine de ne pas comprendre :

– Qu'est-ce que c'est ?

– Des sabots pour toi.

– Pour moi ? Ah non, ils sont trop rouges.

La peur de la punition, qui me pousse à précéder Maupin sur les pentes les plus glissantes, n'est pas, à la vérité, mon unique moteur. Plus peut-être que par cette menace, je suis animée par un besoin irrationnel : celui de leur montrer, à tous les cinq, combien je leur suis supérieure. « Vous me faites souffrir, vous m'infligez de cruels sévices, soit. Mais ce que j'accomplis, poussée par votre bassesse, pas un de vous n'oserait s'y risquer. Même toi, Maupin, toi qui te crois si fort quand tu m'obliges à te faire jouir, tu serais incapable de seulement t'essayer à mes tours de force. »

Le plus difficile, ce sont les vols au supermarché. Avant que je ne parte, ma mère a préparé la liste des denrées que je devrai rassembler : pas question de remplacer l'huile de tournesol par de l'huile d'arachide, ni les escalopes par des côtes de veau.

A l'époque, la protection magnétique n'existe pas encore. A moi d'en profiter ! Mon caddie rempli, débordant de provisions, je me dirige vers les caisses d'un pas assuré. La réussite de la manœuvre réside tout entière dans cette assurance.

– Mademoiselle ! Vous avez payé ?

– Ma maman a payé, mais c'est moi qui garde le chariot...

– Excusez-moi.

Le plus souvent, le vigile n'insiste pas et je peux sortir calmement avec la marchandise volée. Mais ce qui a marché une fois est difficile à reproduire – surtout trois, quatre, cinq fois ! A la fin, ma peur est devenue si grande que je ne parviens plus à la surmonter. Et je reste immobile, les mains crispées sur la barre du caddie, à attendre qu'on vienne m'arrêter. La simple idée de me sauver sans payer me rend malade. Alors j'attends, j'attends une heure, j'attends jusqu'à la fermeture... Et quand le gérant du magasin me demande ce que je fais là, j'invente une histoire à laquelle il ne cherche même pas à croire :

– Je vais te raccompagner chez tes parents, me dit-il.

Me voilà prise, et par ma faute encore ! Les missions que me confie Maupin ne souffrent aucune faiblesse. Le commerçant va exiger qu'on le paie, l'entrevue sera peut-être dure, ses conséquences seront terribles – et c'est moi qui, au bout du compte, en répondrai. Mon échec va me valoir une punition sans précédent, mais je me sens prête à l'affronter. Au moins, pour une fois, je n'aurai pas eu à me trahir moi-même.

Le gérant du supermarché n'est pas un homme insensible. A la vue de l'appartement et de ses occupants, il va comprendre ma situation – et prendre pitié, sans doute.

– Il y a un problème ? lui demande tout de suite Maupin d'un ton menaçant.

– Pas le moindre ! La petite m'a tout expliqué. Seulement, je souhaitais vous demander le ticket de caisse.

– C'est ma femme qui l'a pris et je crois qu'elle l'a jeté.

Le gérant esquisse un sourire puis, m'ayant adressé un regard en coin :

– Alors je suppose que je dois vous croire sur parole... Excusez-moi de vous avoir dérangé.

– Y a pas de mal.

Peur de Maupin, ou sollicitude pour la petite fille qu'on force à voler – cet homme a compris en tout cas qu'il m'aiderait en n'insistant pas. Alors il a fait une croix sur le contenu du caddie. Ce qu'il ne peut deviner, c'est que ma correction sera d'autant plus sévère.

La violence m'est devenue si quotidienne qu'elle paraît faire partie intégrante de ma vie. L'alcool aidant, ma mère ne passe plus une heure sans me pincer, me frapper ou me tirer les cheveux. Parfois, sa colère monte comme du lait sur le feu. Elle attrape alors ce qui lui tombe sous la main et tente de me tuer. Un matin, elle manque de peu son objectif : elle a pris, sur le poêle éteint, une grosse bonbonne en verre qu'elle jette sur moi de toutes ses forces – Maupin aura tout juste le temps de me pousser avant que le projectile ne me heurte. Hors de lui, il se précipite alors sur ma mère pour la rouer de coups. Dans ces moments-là, il s'acharne contre elle avec autant de violence qu'il en emploie lorsqu'il prétend me corriger :

– Jalouse ! hurle-t-il. Tu es jalouse de cette gamine comme c'est pas permis !

Râlant et crachant, ma mère répète :

– Je la tuerai ! Je lui ferai la peau, c'est sûr !

Ignorant ses imprécations, je me blottis contre elle pour amortir les coups que Maupin lui assène. Aussi étonnant que cela paraisse peut-être, je m'expose pour la protéger. Elle continue cependant de m'insulter – tout en m'utilisant comme bouclier.

Ce qu'on attend de moi est tellement confus ! Jouet sexuel d'un Maupin rivé aux plaisirs que je lui procure, je suis également son esclave commise aux basses œuvres. Pour ma mère, je ferais davantage office de servante, quitte à devenir au besoin son souffre-douleur, ou plutôt l'exutoire de ses frustrations. Tous deux se retrouvent seulement lorsqu'il s'agit de m'envoyer porter leur mal-être dans le monde extérieur. Repliés, quasiment cloîtrés, ils ont trouvé en moi une sorte d'émissaire du mal, qui les venge sans risque d'un monde dans lequel ils ont depuis longtemps renoncé à vivre. Profitant de mon aisance à gérer les situations délicates, ils me forcent à voler, à semer le désordre, à saboter tout ce qui peut l'être... « Cathy, au charbon ! » Ce sont eux qui me poussent dans l'arène – et au sens propre !

A la belle saison, des courses de taureaux sont organisées aux abords la Camargue. Il ne s'agit pas de corridas à l'espagnole, mais de courses dites « de razeteurs », où les volontaires, plus ou moins téméraires, doivent arracher une cocarde fichée entre les cornes du taureau. Peu de passes ici, et pas de mise à mort. Juste un sport risqué, où la course et le saut sont les seuls moyens d'éviter de se faire encorner – « empéguer », comme on dit chez nous. Les enfants sont de la fête, bien sûr, mais pour eux, on remplace les taureaux par des vachettes, moins puissantes quoique tout aussi nerveuses. Précaution louable : les cornes de l'animal sont alors épointées par des boules de métal.

– A toi de jouer Cacate, montre-nous ce que tu sais faire !

Chaque année, je dois aller affronter les vachettes et triompher en public d'une peur que je cache de mon mieux. Je suppose que les autres enfants entrent dans l'arène pour le plaisir – moi, j'y suis forcée. Car ce que Maupin et ma mère, assis dans les tribunes, attendent de moi, c'est que je leur rapporte les primes décernées aux jeunes vainqueurs. Dix francs de l'époque, voire cinquante, qui serviront à acheter de l'alcool ou des cigarettes.

– Vas-y Catheline, on te regarde !

Je le sais bien, qu'ils me regardent. Didier aussi me regarde, et ses sœurs qui n'ont jamais foulé la sciure. Moi, je n'ai peur de rien – ou plutôt, c'est pour leur prouver ma bravoure et manifester cette supériorité qui devrait finir, un jour, par les écraser, que je trouve le courage de surmonter ma peur. Le défi à relever est simple : en général, il s'agit d'aller ramasser, au fond d'une mangeoire remplie de paille, une pièce de monnaie, quand ce n'est pas une anguille vivante – et dans ce cas, la répugnance que peut inspirer le poisson gluant s'ajoute à la peur des cornes...

– Attention !

Je ne l'ai pas vue venir. Le champ me paraissait libre, devant et sur les côtés – trop libre. Je détale un peu tard pour échapper à ce que je sens approcher dans mon dos. La présence noire et nerveuse me rattrape – et d'un coup, avec une violence inouïe, me propulse dans les airs. L'ascension, la chute, tout est très rapide. Mais au moment où je vais me redresser, la foule se lève comme un seul homme, en poussant un « oh » d'effroi : l'animal charge de nouveau. Heureusement, un homme a sauté dans l'arène, qui détourne la bête pendant que d'autres me tirent hors de sa portée. Je ne tiens plus sur mes jambes. Ma frayeur a été si forte que je ne parviens pas à retrouver mon souffle. Mon bras saigne un peu.

Je remonte les gradins jusqu'à ma mère. Elle est pâle et ça me fait plaisir.

– Qu'est-ce qui t'a pris ? Tu ne la voyais donc pas ?

Maupin intervient :

– Allez Cacate, prépare-toi. Ils vont en envoyer une autre. Et cette fois, c'est pour dix sacs ! Tu vas nous ramasser ça, pas vrai ?

Je ne trouve rien à répondre. Alors il se penche et, d'une voix sourde :

– T'as plutôt intérêt à pas la foirer, celle-là.

Sur quoi il me tend la « muleta ». Car non contente d'être la seule petite fille à oser descendre dans l'arène, je suis de surcroît l'unique à y tenter des passes – comme dans les courses espagnoles. C'est ma mère qui a confectionné l'accessoire indispensable, en cousant un carré d'étoffe rouge sur un bâton à ma taille – ma « muleta »... Et c'est ainsi que, sous les encouragements du public et des organisateurs, je torée, à huit ou neuf ans, morte de peur et fière à en mourir.

Que les regards se concentrent sur moi, que les applaudissements me portent – rien de tout cela ne me laisse indifférente. La petite princesse n'est pas éteinte au fond de ma conscience. En cousant ma cape rouge, Suzanne croyait m'envoyer à l'abattoir : elle me livrait au contraire à mon public.

*

Pour la première fois, Claude et moi nous trouvions en désaccord sur la suite à donner à nos recherches. Notre récente excursion en Arles m'avait éprouvée et je ne souhaitais pas renouveler l'expérience.

– C'est quand même trop bête, insista mon mari. Ta marraine est en vie, on sait à peu de chose près où elle habite et on renoncerait si près du but ?

Par respect pour les efforts qu'il avait accomplis jusqu'ici, je consentis donc à repartir à ses côtés sur les traces de Caro. Cependant, plus le moment de la retrouver approchait et plus je devais me forcer pour ne pas faire machine arrière, gagnée par une réticence grandissante.

Comme la première fois, nous prîmes nos renseignements auprès du club du troisième âge mais, comme la première fois, personne ne put nous donner le numéro ou le nom exact de la rue. Si bien qu'en dépit de la meilleure volonté, nous tournâmes en rond sans trouver trace de Marthe Rolin.

– Claude, cette fois, j'en ai assez.

– Attends encore un peu ! Pourquoi te décourager aussi vite ?

– « Aussi vite » ! Cela fait des heures que nous arpentons ces rues minables et tu oses dire que je me décourage vite !

Mon mari dut sentir à ma voix que j'étais tout près d'abandonner. Il se rapprocha et me prit dans ses bras :

– Laisse-moi une chance, murmura-t-il à mon oreille.

Je me laissai fléchir. Et c'est moi qui, sans trop y croire, interrogeai le premier vieillard que nous croisâmes. Miracle : le vieux monsieur connaissait Marthe Rolin et se rappelait son adresse précise. Il nous indiqua même, sur un plan à grande échelle, le trajet pour nous y rendre. Dix minutes plus tard, nous nous trouvions en effet sur le seuil de sa porte. Mon cœur se mit à battre plus fort. Coup d'œil furtif à Claude qui sourit, sûr de lui – je sonne.

Une petite grand-mère entrouvre sa porte et tente de nous dévisager dans la pénombre du couloir. Je me retourne vers Claude et lui fais part, très vite, de ma déception – à moins que ce ne soit un soulagement : « Ce n'est pas elle ! »

– Nous sommes à la recherche d'une dame qui s'appelait Bontemps, Caro Bontemps.

Un instant d'hésitation, puis :

– C'est moi.

– Attendez ! La dame que je recherche était plus grande que vous. Elle vivait avec Gabriel Bontemps, un entrepreneur en bâtiment.

La vieille femme confirme qu'elle est bien la personne en question. Pendant qu'elle évoque le souvenir de mon parrain, je scrute son visage à la recherche d'un détail probant.

– D'ailleurs si ça peut vous convaincre, poursuit-elle en ouvrant la porte en grand, je suis ici en photo avec Gabriel. Voyez vous-même.

En effet, sur le modeste buffet trône un cadre que je connais bien : le portrait en noir et blanc de Gabriel et Caro. Plus de doute possible : cette vieille dame est bien ma chère marraine.

– Tu ne me reconnais pas ? Cathy ! Ta filleule Catheline !

Caro reste un moment bouche bée – le temps que des larmes envahissent ses yeux. Elle tombe dans mes bras :

– Cathy, ça alors ! Mon Dieu !

Je l'embrasse à mon tour, en la serrant fort contre moi :

– Tu te rappelles ?

– Si je me rappelle ! Cathy ! Et moi qui pensais que tu étais morte !

– Je pourrais dire la même chose de toi...

Caro se tourne enfin vers Claude :

– Entrez, monsieur, ne restez pas dehors.

Le logement de ma marraine tenait en une seule petite pièce, où s'entassaient en bon ordre un lit, une table, quelques chaises et un évier – le tout d'une grande simplicité. Elle tint à nous servir à boire et sortit pour la circonstance des petits gâteaux qu'elle devait réserver aux grandes occasions. Pendant un moment, nous échangeâmes des nouvelles sur nos vies actuelles, sans nous aventurer du tout vers nos passés respectifs. Caro était beaucoup plus petite que dans mes souvenirs. Ses cheveux blancs, teints en blond cendré, encadraient un visage plus carré, comme ramassé autour de ses yeux assombris, mais toujours aussi doux. Elle paraissait partagée entre sa joie sincère et une inquiétude de fond :

– Surtout, ne dites à personne que nous nous sommes revus, dit-elle après un silence.

Elle tourna la tête en direction de Claude pour chercher son approbation. Je la rassurai :

– A qui veux-tu qu'on en parle ?

– Peu importe ! Personne, absolument personne ne doit savoir. Promets-moi, Cathy.

– Où est le problème ?

– Tu ne peux pas comprendre. Promets-moi seulement.

Par la suite, Caro se décrispa un peu, mais je ne pus jamais dissiper cet arrière-fond d'inquiétude qui parasitait nos rencontres. Je rentrai bouleversée à la maison, à la fois heureuse de l'avoir retrouvée et frustrée de n'avoir su évoquer nos souvenirs communs.

– Tu ne lui as pas posé ta question, me fit remarquer Claude. Tu ne lui as pas demandé pourquoi elle t'avait abandonnée aux mains de Suzanne et de José Maupin...

C'était vrai. J'avais senti, dès la première minute, que toute référence au passé pourrait l'ébranler gravement. N'avions-nous pas toute la vie pour parler ?

Le choc de nos retrouvailles avait été assez rude comme cela, pour elle comme pour moi. D'ailleurs, le lendemain, je me réveillai couverte de petits boutons : pour la première fois de ma vie, j'étais victime d'un accès d'urticaire. J'en fis la confidence à Caro, au téléphone :

– Ça alors, me dit-elle, c'est peu banal ! Figure-toi qu'il m'arrive la même chose depuis ce matin ! Mais moi, j'y ai déjà eu droit à chacune des grandes émotions de ma vie.

L'hommage, bien qu'indirect, me toucha et je sus bientôt qu'il était sincère. Caro me témoignait en effet une affection qui, depuis mon enfance, n'avait rien perdu de son intensité. J'avais retrouvé les élans de bonté et de tendresse dont était capable ma marraine. Je me demandai même s'ils ne s'étaient pas faits plus chaleureux avec l'âge.

Nous fréquentâmes beaucoup Caro à cette époque. Claude me conduisait chez elle, en Arles, au moins une fois par semaine. Et nous la ramenions souvent passer quelques jours à la maison. Elle s'entendait à merveille avec mon fils ainsi qu'avec la petite dernière, qu'elle faisait sauter sur ses genoux pour son plus grand plaisir. Autant Suzanne s'était montrée froide lors de son séjour en convalescence, autant Caro, pourtant affectée d'une tumeur au cerveau, fut douce, aimante et dynamique.

– Viens ma petite Cathy, viens « faire un gâté » à ta Caro !

Nous pouvions passer des après-midis entières devant la télévision, à nous câliner comme au beau temps d'avant, celui de la maison des Angles. Pour un peu, je n'aurais pas été étonnée de voir mon parrain Gabriel entrer dans la pièce et se joindre à nos effusions.

Pour autant, Caro demeurait secrète sur nos retrouvailles et veillait à notre propre discrétion. « Surtout, m'avait-elle répété, il ne faut pas qu'on sache que nous nous voyons. » Elle cachait à ses enfants ses séjours à la maison – au moins dans les premiers temps...

Peu à peu, le secret se relâcha en effet. Sa fille Silou – dont j'avais jusqu'alors ignoré l'existence – fut mise dans la confidence, ainsi que Christophe, son plus jeune fils. Comme Claude me le fit remarquer :

– En fait, c'est d'Olivier Magre qu'elle a peur. La seule chose qu'elle redoute vraiment, c'est que ce soit lui qui apprenne nos retrouvailles.

Je posai la question à Caro, de façon abrupte il est vrai. Et pour la première fois, je vis ses joues s'empourprer :

– Olivier ne doit rien savoir, martela-t-elle en me fixant d'un regard pathétique. Tu m'entends bien : il ne doit pas savoir, pour nous deux !

Toute au bonheur d'avoir retrouvé ma chère marraine, je n'osai insister. Je savais qu'elle dissimulait les photos que nous lui avions apportées dès qu'Olivier s'annonçait et ne pouvais m'y opposer. Je fus d'autant plus surprise lorsqu'un beau jour, elle nous informa que sa petite-fille Olive, celle des filles d'Olivier dont elle se sentait le plus proche, avait exprimé le souhait de me rencontrer. J'accueillis la nouvelle avec joie et nous prîmes date pour les recevoir à la maison.

Olive était une jeune femme agréable, ancien mannequin, mariée à un Espagnol et mère de cinq enfants. Le courant passa tout de suite entre nous :

– C'est fou ce que tu peux ressembler à Sophie ! me dit-elle en faisant référence à sa plus jeune sœur. Si j'avais encore des doutes sur nos liens de parenté, il me suffit de te voir pour les dissiper.

De même, à en croire Caro, mon fils serait le portrait craché d'Olivier au même âge. Je questionnai longuement Olive sur son père – je devrais dire « notre père... » Elle ne se fit pas prier pour satisfaire ma curiosité, non sans regretter au passage qu'il ait toujours refusé de me reconnaître.

– Tu sais, finit-elle par me confier. Chez nous, ton existence est un tabou absolu. Jamais nous n'avons pu parler de toi, et ton seul nom suffit à rendre papa malade.

– Pourquoi tant de mystère ?

– Je ne sais pas. Je n'ai jamais pu comprendre. A la maison, le dialogue est difficile. Ainsi, la veille du mariage de notre sœur aînée, nous avons appris qu'elle n'était que notre demi-sœur. Et encore, c'est parce qu'il n'a pas été possible de nous le cacher plus longtemps : les registres portaient mention de sa naissance hors mariage. Sinon, je l'ignorerais peut-être encore... Papa reste muet sur tous ces sujets – en fait, il a coulé une chape de silence sur sa jeunesse.

Olive m'affirma qu'elle en souffrait elle aussi et qu'elle m'aiderait, si nécessaire, à faire voler cette chape en éclats. D'ici là, elle s'engageait à tout faire pour organiser une rencontre avec notre père et mes demi-sœurs. C'était là mon souhait le plus cher, et la perspective d'une telle réunion me remplit de joie. Je le dis à Claude, dont la ténacité avait porté ses premiers fruits. Il me regarda d'un air à la fois complice et tendre, et me dit :

– Tu es heureuse ? Alors tout est bien.

Un moment après, il ajouta :

– Seulement ce n'est pas fini. Nous avons encore pas mal de choses à découvrir.

Je l'embrassai. Puisqu'il acceptait de me tenir la main sur ce chemin escarpé de montagne, j'étais prête à poursuivre notre ascension.

6

Mallebrègue a toujours été le fief de la famille Maupin. Aussi est-ce dans ce village, aux portes de la Camargue, que nous emménageons à la fin de 1972. Pour quelle raison Maupin éprouve-t-il alors le besoin de chercher refuge dans le berceau de ses ancêtres ? Je l'ignore. Je sais seulement qu'il est agité et qu'à l'époque le nom de Jacques Mesrine revient souvent dans ses disputes avec Suzanne. Et lorsque « l'ennemi public n°1 » s'évadera de la prison de la Santé, nous vivrons plusieurs semaines volets fermés, sans que j'en comprenne vraiment la raison.

Par rapport à Seules, Mallebrègue présente un certain nombre d'avantages : nous quittons un bloc H.L.M. pour de vieilles pierres provençales et des esplanades bétonnées pour un village du Midi. Notre nouvelle habitation appartient au père de José Maupin. Si elle n'a rien de très typique, au moins possède-t-elle le charme des demeures ombragées du Sud. Restaurée, mise en valeur, on pourrait presque la trouver accueillante, avec ses deux pièces au rez-de-chaussée et ses deux chambres à l'étage. Elle nous semble confortable, en tout cas, n'était la présence malsaine de ma mère et de son compagnon, qui rend l'atmosphère irrespirable.

– Ne marchez pas pieds nus ! a d'emblée prévenu Maupin.

De fait, le matin au réveil, on risque à chaque pas d'écraser un scorpion.

Sous la maison, la cave à charbon est une grande pièce noire et sale. On m'y enferme quand on ne veut pas me voir, ou lorsqu'on estime que je mérite une punition, ce qui est souvent le cas.

– Si les rats te mangent, tant mieux ! dit ma mère en refermant la petite porte sur la lumière du jour.

Il est vrai que, dans la cave, les rats grouillent. Mais ce ne sont pas eux qui me répugnent le plus, non. Ma terreur, ce sont les araignées. Rien qu'à les imaginer, je me recroqueville à m'en faire mal. Figée dans le noir, je prends soin de ne toucher à rien, ne serait-ce que d'un frôlement. Pas moyen de rétablir la lumière : l'ampoule qui éclaire la cave ne s'allume que du dehors... J'attends. Je sais que les araignées sont là, je sais qu'elles m'observent avec leurs quatre paires d'yeux...

Un soir, Maupin rentre guilleret, une couleuvre vivante enroulée autour d'un bras. Didier paraît heureux de cette capture :

– Il a attrapé un serpent, tu te rends compte ?

Ma mère et mes sœurs sont tétanisées. Je ne suis pas beaucoup plus rassurée qu'elles, mais par bravade je refuse d'aller me réfugier dans la pièce voisine. Maupin a compris : il approche de mon cou la tête du reptile. Luttant contre moi-même, je trouve la force de surmonter ma répulsion : j'attrape la couleuvre à pleines mains et la tiens devant moi comme un trophée.

– T'as pas peur des serpents, la Cacate ?

– La preuve !

– Tant mieux. A l'avenir, quand tu sortiras, tu m'en rapporteras quelques-uns.

Ma mère intervient :

– Mais qu'est-ce que tu veux faire de ça ?

– T'occupe !

Et à moi :

– Compris, Cacate ?

J'opine du chef. En quelques semaines, je vais ainsi devenir experte dans la chasse aux couleuvres. Et je me promènerai bientôt avec sur moi, à tout moment, trois ou quatre spécimens de différentes tailles. Je n'aime pas ces bêtes à sang froid. Leur contact à mon poignet ou à mon cou me déplaît. Qu'importe : il suffit que Maupin soit impressionné pour que je devienne la « championne aux serpents » !

Nos couleuvres sont enfermées dans une sorte de grande cage installée dans la salle à manger. Il y en aura jusqu'à une centaine. C'est moi qui suis chargée de les nourrir : grenouilles, ablettes et même un écureuil vivant que j'ai capturé, perdu puis rattrapé... Mais un beau matin, la cage ayant dû être mal fermée, nous la retrouvons presque vide.

– Ils se sont enfuis ! constate ma mère, visiblement soulagée. Elle se trompe. Les serpents se sont seulement éparpillés dans la maison : sous les meubles, dans les piles de linge, autour des bouteilles... Un vrai cauchemar pour tout le monde, mais une revanche pour moi.

Au moins ce déménagement nous rapproche-t-il de la vie. Je découvre en Mallebrègue un village du Midi avec son marché, sa vie de clocher, sa bonne humeur et ses galéjades... Bien sûr, vu mon allure de « caraque » et la réputation des miens, je n'ai guère l'occasion de prendre part aux liesses villageoises. Peu importe. La petite communauté n'est jamais loin, elle nous entoure, et mon horizon s'en trouve éclairci.

Aussi, le jour où Claude me proposera de retourner à Mallebrègue, je l'y accompagnerai de bon cœur.

*

Mon mari avait pris rendez-vous avec le maire du village pour une consultation des registres scolaires. Il était important, m'avait-il expliqué, de rassembler le plus possible de traces matérielles de ma vie chez Suzanne et José Maupin.

Comme à Seules, je fus d'abord frappée par le peu de transformations survenues en deux décennies. Les rues n'avaient pas changé, les commerces demeuraient intacts – à l'exception de la boucherie, remplacée par une agence bancaire. Surtout, là encore, les habitants étaient restés les mêmes. Je les reconnus tous ou presque, à commencer par une grosse voisine que j'appelais la « tueuse de lapins », tant j'avais été marquée par sa manière barbare d'étrangler, au bout d'une corde, la population de ses clapiers.

Une fois de plus, ce retour aux sources me bouleversa, mais j'en tirai des impressions nettement plus contrastées qu'à Seules-sur-Vèze. Je n'ai jamais pu me départir, en effet d'un certain attachement pour Mallebrègue. Je m'y sens chez moi plus que n'importe où ailleurs... Claude s'en rendit compte et ne chercha pas à dissimuler le plaisir qu'il éprouvait à déambuler avec moi dans les rues animées du bourg. Nous devions y revenir souvent par la suite, notamment à l'occasion de la fête folklorique de la vannerie.

Si, à Seules, le souvenir de Maupin était encore présent, à Mallebrègue il hantait les consciences. Mais quand nous prononcions le nom du truand enterré au cimetière local, les visages exprimaient avant tout du respect envers une famille enracinée là depuis des siècles. José Maupin avait été Mallebréguois avant d'être un gangster et c'est le Mallebréguois que respectaient en lui tous ceux qui s'interdisaient d'évoquer sa mémoire. A commencer par les autorités locales...

Nous avions rendez-vous à dix heures avec le maire et devions le retrouver chez le directeur de l'école primaire. Quand nous nous présentâmes, il n'était pas encore arrivé. Le directeur nous fit patienter un moment, le temps d'échanger quelques banalités sur Mallebrègue et ses traditions. Constatant le retard du maire, je proposai de commencer à consulter les registres, ce que nous fîmes. Tout de suite, il sauta aux yeux de Claude que les pages correspondant aux classes fréquentées par la petite Parodeau Catheline – inscrite peut-être sous un autre nom – avaient été supprimées des registres. Arrachées, purement et simplement ! Le directeur paraissait embarrassé. Quant à moi, j'oscillais entre la surprise et la perplexité.

Le maire se présenta avec un bon quart d'heure de retard, mais se formalisa de notre empressement à consulter les registres sans lui. Claude ne se laissa pas longtemps détourner de l'objet de notre visite :

– Comment expliquez-vous que des pages aient été arrachées ?

– Je ne l'explique pas.

– Ces documents sont, si je ne me trompe, de votre ressort.

– Tout cela date du mandat précédent. Je ne suis pas responasble du désordre de mon prédécesseur.

Cet aplomb me sidéra. Mais Claude ne perdait pas le fil :

– Cet ancien maire, on peut le rencontrer ?

– Sûrement pas. Il est très malade et ne reçoit personne.

Une lueur de défi dans le regard, il ajouta :

– A moins que vous n'ayez un moyen de l'y contraindre.

En sortant de l'école, je sentis mon cœur se serrer et fus obligée, pour ne pas trébucher, de me retenir au bras de Claude. Je venais d'apercevoir le banc dans la cour. Son siège était constitué d'une simple plaque d'acier, percée d'une multitude de trous dans lesquels les gamins avaient l'habitude d'enfoncer leurs doigts. Comment aurais-je pu l'oublier ? C'est sur ce banc que, le samedi matin, Maupin et Didier venaient s'asseoir pour assister au chahut que je semais dans la classe de Mme Pomarède... Je m'approchai pour le voir mieux et le toucher. J'enfonçai mes doigts de nouveau dans les trous. Mais quand mon mari me proposa de m'y asseoir un moment, je m'en écartai avec un frisson.

*

Mes résultats scolaires sont à la mesure de ma motivation pour les études : nuls. En vérité, même si je le souhaitais, je n'aurais pas le droit de recevoir de bonnes notes. Alors, je finis par me convaincre que l'école m'est étrangère et m'en tiens éloignée le plus souvent possible. Le reste du temps, je me contente de transformer ma classe en foire d'empoigne...

Je m'épanouis en revanche dans les activités sportives. Première en éducation physique, je mène les équipes de handball ou de relais à des victoires épiques. Mais c'est encore au ping-pong que je donne le mieux la mesure de mes capacités. Les meilleurs joueurs de l'école – garçons comme filles – m'affrontent à tour de rôle dans des duels où chaque échange déchaîne les cris et les applaudissements.

Dans ces moments de gloire, mes pires adversaires en viendraient à oublier les relents d'oignons qui m'accompagnent ou mes vêtements démodés de « caraque ». Oui, mon adresse à la raquette me vaudrait pour un peu la considération des jeunes gens de bonne famille...

– C'est bizarre, me disent les plus audacieux. Tu ne ressembles pas du tout à tes sœurs.

C'est vrai. Suzanne a beau massacrer ma chevelure et me couvrir de frusques, je trouve encore le moyen d'éclipser Liliane et Christelle ! Chétives, inadaptées et repliées sur elles-mêmes, elles sont des cibles toutes désignées pendant les récréations.

– Liliane est une liane, Christelle est une pelle ! crient les enfants en formant des rondes autour d'elles.

Quand les attaques deviennent physiques, il m'arrive de défendre la fratrie. Même Didier recourt à ma protection :

– Cathy, y a un grand, il m'a pris mes gants !

Je dégage alors cette dureté froide à laquelle des années de souffrances m'ont conduite :

– C'est toi qui as pris les gants de mon frère ?

Personne ne peut résister à ce ton meurtrier.

– C'était pour rire, je vais te les rendre...

Mais avant de laisser « le grand » filer, je lui assène deux ou trois coups bien méchants. Rien à faire, j'appartiens désormais au clan des durs...

A Seules-sur-Vèze, la moindre bêtise prenait, dans l'atmosphère de la cité d'HLM, des allures de délit passible de la prison. Rien de tel à Mallebrègue. Ici, au contraire, l'atmosphère bon enfant tend à minimiser mes forfaits. Maupin me pousse d'autant plus loin dans la délinquance. A force de devancer ses attentes, voler m'est ainsi devenu naturel et je n'hésite plus à m'emparer de tout ce qui n'est pas rigoureusement protégé. Bien entendu, le profit de ces larcins revient tout entier à Christelle, Liliane et Didier...

A la belle saison, je cours dérober, tôt le matin, des kilos de prunes ou d'abricots dans les champs d'arbres fruitiers. Je les revends ensuite, bien rangés dans des cageots de récupération, à un restaurateur complaisant, puis je verse à Didier le produit du petit trafic. C'est ce qui permet à mon frère, tout l'été durant, d'accumuler les tours de kart à moteur ! Il y passe des après-midis entiers. Bien entendu, pas une seule fois il ne me remerciera. Mon frère se distrait grâce à mon labeur illicite – et trouve cela bien normal.

A neuf ou dix ans, je suis devenue un véritable casse-cou. Ce que je subis depuis des années maintenant est en effet si effroyable que les petits dangers quotidiens me paraissent dérisoires en comparaison. Rien ni personne ne m'impressionne plus. Un matin de marché, en sortant du bureau de tabac, je trouve à ma sœur Liliane un visage décomposé. Je lui demande de me suivre, mais elle refuse en secouant la tête et m'indique la direction d'un pilier auquel est appuyé un homme ventru, ses gros pieds enfoncés dans des espadrilles.

– Il faut qu'on le suive, dit seulement Liliane.

J'obtempère, moins par obéissance à cet inconnu que par curiosité. Je l'ai dit, rien ne me fait peur. Je ne crains pas ce qui vient de l'extérieur. Nous suivons donc le gros homme, jusqu'à des vespasiennes où il tente de nous faire entrer toutes deux. Cette fois, je ne suis plus d'accord :

– Vas-y, Liliane, entre ! Moi, je vais prévenir papa.

Pour une fois, j'emploie bien le mot « papa » – à dessein. Cela produira d'ailleurs l'effet escompté. Je cours trouver Maupin et lui explique la situation. Il est plutôt bien luné et s'arme de son fusil sans me poser de questions. Je le conduis en petites foulées jusqu'à l'urinoir, où nous retrouvons Liliane seule : le pervers aux espadrilles a disparu.

– Dommage, grogne Maupin. Ça m'aurait fait plaisir de lui trouer la paillasse.

Liliane glousse de soulagement – ou de fierté – et moi-même je souris... Pourquoi ne pas le dire ? Dans un moment comme celui-là, j'en viendrais presque à ressentir une forme de complaisance envers celui qui, par ailleurs, me torture chaque jour. Je n'oublie pas un instant le mal qu'il peut me faire, mais c'est comme si, de temps en temps, j'éprouvais une sorte de solidarité instinctive pour ceux qui ont fini par me tenir lieu de famille.

Ma mère ne fait rien cependant qui puisse améliorer l'atmosphère à la maison. Elle boit beaucoup et passe des jours entiers au lit, hurlant des insanités à longueur de temps. Maupin qui, depuis peu, est devenu son mari légal, n'est pas moins alcoolique qu'elle : il tient simplement mieux la boisson.

Bien que jeune encore, je comprends sans peine la raison de leur mésentente. Depuis notre arrivée à Mallebrègue, l'attention de Maupin s'est focalisée sur moi, et la sensualité pour le moins exigeante de Suzanne n'est plus satisfaite. Dès lors, la liste des amants qu'elle se met à collectionner va s'allonger. Tout homme à peu près valide, de l'adolescent au vieillard, constitue à ses yeux une proie qu'il va falloir séduire.

Fidèles à leur habitude, mon frère et mes sœurs ferment les yeux. Le comportement de leur mère paraît ne les concerner en rien et Liliane, la plus hypocrite des trois, s'évertue à se mentir à elle-même. Étonnée de voir un visiteur, au demeurant très âgé, s'attarder un matin dans la chambre de sa mère, elle me lance :

– Je me demande de quoi ils peuvent bien parler.

– Pas besoin de tellement parler pour faire ce qu'ils font.

– Tu veux dire : pour faire un lit ?

– A mon avis, Liliane, ils défont le lit plus qu'ils ne le font...

– Qu'est-ce que tu vas chercher ? Tu es vraiment vicieuse, ma parole !

Maupin est moins naïf mais, sa réputation n'étant pas en cause, il laisse sa femme se contenter – jusqu'à cette soirée de Noël où lui reviendra le bruit courant dans Mallebrègue : « Sa bonne femme, au fils Maupingue, elle le ferait cocu avé tout le village... » Retournement subit : ivre de rage, il décroche le fusil en rentrant et, sans sommation, se met à tirer dans la maison ! Hurlements, claquements de portes et nombreux coups de feu : l'amant du jour n'en réchappera que par miracle.

– José, arrête ! crie Suzanne. Écoute-moi !

– J'en ai déjà trop entendu !

Depuis la fenêtre à l'étage, Maupin tire une dernière cartouche dans le noir, en direction du fugitif. La décharge crible le portillon sur la rue et c'est finalement son propre chien, un berger allemand pelé du nom de Wolf, qui prendra des plombs...

Les gendarmes ne tardent pas à sonner à la porte :

– Les voisins ont entendu des coups de feu provenant de chez vous !

– Ils ont mal entendu !

– On se disait bien, aussi...

Cela paraît curieux, mais les gendarmes ont toujours l'air de ménager Maupin. Même lorsqu'ils l'arrêtent sur la route pour excès de vitesse, sans permis et au volant d'une voiture volée, ils le laissent filer en lui souhaitant bonne route ! Leur rend-il des services en secret ? Ou bien en ont-ils tout simplement peur, eux aussi ?

*

La nouvelle du retour de « la fille à Maupingue » – manière funeste de me désigner – se répandit dans

Mallebrègue. Il est vrai que nous traversions régulièrement le village pour nous rendre dans mon Sud, vers la manade que la famille Depays exploite en pleine Camargue. Loin d'accourir à ma rencontre, les Mallebréguois m'évitèrent au contraire, n'hésitant pas à changer de trottoir ou à disparaître dans la première boutique. Ce comportement m'agaçait. Claude s'en trouva choqué :

– Ils ne veulent pas parler, grommelait-il, mais je les y forcerai bien.

– Et comment feras-tu ?

C'est alors que mon mari me dévoila le plan qu'il avait conçu depuis les tout débuts de ce retour aux sources. Il lui avait toujours paru inadmissible que mes tortionnaires aient pu continuer à vivre tranquillement après leurs méfaits, sans jamais être inquiétés.

– Nous devons trouver un moyen de les traduire en justice, me dit Claude. Il faut leur intenter un procès.

Un procès ! J'avais souvent songé poursuivre en justice ma mère et Maupin, et seuls les aléas de mon adolescence, puis les grandes difficultés qui jalonnèrent ma jeunesse, m'en avaient empêchée.

– Je ne sais pas encore comment procéder, m'avoua Claude. Je ne sais même pas si tes griefs peuvent trouver une traduction juridique. Mais je suis sûr d'une chose : plus nous en saurons sur les tenants et aboutissants de l'affaire, plus nous collecterons de traces matérielles et de témoignages officiels et plus nous aurons de chances, un jour, d'obtenir justice.

Notre enquête se parait ainsi d'une légitimité nouvelle même si, bien vite, je compris qu'un procès, même bien instruit, n'étancherait pas ma soif de révélations :

– Si la justice peut être rendue, expliquai-je à Claude, j'en serai la première heureuse. Mais au-delà du procès, je continuerai à chercher une vérité plus profonde, plus pure peut-être...

– C'est-à-dire ?

– Je ne suis pas sûre de trouver les mots. Mais j'ai l'impression que cette haine, bien qu'inexplicable, trouve sa source dans une réalité que nous ne connaissons pas. Il y a un secret à l'origine de tout cela. Un lourd secret, Claude. Et je veux le mettre au jour.

*

Je fais plutôt bon ménage avec le chien Wolf, même si je ne voue à ce lointain cousin de Karim aucune affection particulière. Des chats, nombreux, hantent aussi la maison. Mon seul intérêt à fréquenter ces animaux, c'est de pouvoir détourner, à l'occasion, un peu de leur pitance – ils sont tellement mieux nourris que moi ! Ainsi, pour Noël, alors que je dois me contenter de mes oignons crus, ma mère offre-t-elle à Wolf un poulet entier, qu'elle a pris plaisir à faire rôtir sous mes yeux... Tant pis : je me risquerai, ce soir-là, à disputer au chien quelques charpies de sa volaille. Le temps où je gavais de biscuit ma propre louve adorée est bien loin...

Aujourd'hui, je ferais bien un sort à la poule que m'avait achetée Caro. Un jour de marché, Maupin rapporte à la maison un gros caneton tout jaune, acheté vivant à un paysan.

– Tiens, Cacate, tu vas m'aider à lui faire une cage.

Nous emprisonnons l'animal sous une cloche de petit grillage alvéolé.

– C'est toi qui lui donneras à manger, déclare ma mère.

Et elle me montre comment préparer les grosses pâtes noirâtres dont le canard se nourrit. Chaque jour, je pourrai désormais en soustraire une bonne poignée, dont je ferai mes délices... Le prélèvement est imperceptible et n'empêche pas l'animal de profiter : au bout de quelques mois, il devient même si gros qu'il ne passe plus par la porte de la cage et qu'il sera nécessaire, pour le libérer, de découper le grillage. Moi, je n'ai pas grossi. Pourtant, j'ai constamment prélevé ma dîme sur les pâtes noires.

Les animaux domestiques ! Ce qui distingue essentiellement ma condition de la leur, c'est la cruauté dont les maîtres font preuve à mon égard. Car le traitement n'a pas varié depuis Seules-sur-Vèze. Les exigences de Maupin, notamment, se réitèrent à longueur de journée, assorties de violences de plus en plus rituelles. Quant à ma mère, son imagination n'a plus de limites dès qu'il s'agit de trouver un moyen inédit de me brimer.

Un soir, mon frère, mes sœurs et moi faisons nos devoirs sur la table de la cuisine. Ma mère apparaît dans l'encadrement de la porte. Elle a son regard des mauvais jours :

– Didier, tu es allé aux cabinets, tout à l'heure. C'est toi qui a fait les saletés ?

– Je sais pas, répond-il d'une voix grinçante.

– Tu te trouves malin, sans doute ?

– Qu'est-ce qu'il a fait ?

Je me lève et me précipite dans le couloir.

– Catheline ! Occupe-toi de tes devoirs !

Arrivée à la porte des toilettes, j'allume la lumière pour jeter un œil et ne remarque rien de particulier. Soudain, la main de ma mère m'attrape par les cheveux – je ne l'avais pas entendue me suivre – et me colle le nez tout près de la paroi :

– Là, tu vois ?

Le mur est maculé de traces marron, comme des virgules ornant le crépi. Voilà bien une bêtise signée : mon frère s'est essuyé avec son doigt et l'a frotté ensuite contre le mur. Trois fois... J'éclate de rire.

– Ça te fait rire, toi ?

– Ben oui.

Elle me regarde un moment en silence, puis elle m'ordonne :

– Vas-y, lèche !

Je demeure interdite.

– Lèche, je te dis ! Allez !

Et elle m'applique le visage sur le crépi. Je lèche un peu les traces marron, mais du bout de la langue. Didier est sorti de la cuisine. Elle lui lance :

– Apporte du pain, tu veux ?

Il rapplique, un pain entier à la main. Ma mère en détache une bouchée, avec laquelle elle prélève sur le mur un peu des déjections de mon frère. Puis elle me la tend :

– Tiens. Bouffe-moi ça, tu riras moins.

– Non, je...

– Bouffe ça, j'ai dit !

Avec une grimace, j'ouvre les lèvres. J'essaie d'avaler la bouchée sans mâcher, mais il faut bien l'écraser un peu. J'en ai plein la bouche, mais je sens surtout le goût salé du pain. Avec application, ma mère me prépare une autre bouchée, bien tartinée d'excréments, celle-là. Didier et Christelle s'étranglent de rire.

Je m'approche de la cuvette pour vomir.

– Si tu rends tout, je te le fais rebouffer.

J'essaie d'éviter le regard de ma mère, mais je n'ignore pas que la scène l'a mise dans un état proche de la jouissance. Le procédé est moins direct qu'avec Maupin, mais finalement, c'est toujours à une forme de plaisir que doit concourir mon avilissement.

Il vient un moment où, à force de me sacrifier à la violence, aux humiliations et aux sévices, je finis par éprouver une sorte de sécurité fondamentale : les agressions, je les ai intégrées, je les ai faites miennes. Je peux alors goûter une certitude très douce : rien, jamais, ne pourra être pire que ce que j'endure à présent. Cet apaisement-là ne s'éprouve qu'aux pires moments, dans les derniers recoins de la souffrance. C'est au fond du fond qu'apparaît, d'abord étrange, cette forme de délivrance.

Pendant mes heures de répit, au contraire, l'angoisse revient m'étouffer. Je douterais presque, certains matins, d'avoir enduré le supplice de la veille, et me demande si j'aurais encore la force d'en supporter autant. Je suis certaine d'une chose, c'est d'être allée aussi loin qu'il était possible.

Un jour, de très bonne heure, alors que tout le monde dort encore, je choisis dans le tiroir du buffet un grand couteau affilé, bien pointu – le couteau qu'on utilise pour découper la viande. Je me dirige vers la chambre des adultes. Je n'ai qu'à pousser la porte. Maupin ronfle comme un porc. À ses côté, ma mère s'est pelotonnée comme un chien. Il faut les tuer, maintenant. Je m'approche de lui. Le moyen le plus sûr, c'est de lui enfoncer la lame dans le cœur. Un coup sec. Je repère l'endroit précis où il me faudra frapper. Mon souci est d'éviter que ma mère ne se réveille pendant l'opération. Le plus sûr serait de se débarrasser des deux en même temps... Surtout, comment être certaine que Maupin va mourir au premier coup ? D'un geste ferme, j'approche le couteau tout près de sa poitrine velue. Et si la lame ne s'enfonçait pas assez profond ? Je l'imagine déjà se débattant dans les draps trempés de son sang visqueux...

Soudain ma mère ouvre la bouche et se met à bâiller. Transie d'effroi, je réalise qu'il me sera impossible d'en assassiner un sans réveiller l'autre. Il faudrait les éliminer séparément... Ma mère bouge à nouveau et je détale vers la porte, dans laquelle je me heurte avant de m'enfuir en courant. Calfeutrée dans la cuisine, je tends l'oreille pour savoir si elle s'est levée. Non. Fausse alerte. Tous les deux finiront tranquillement leur nuit. Le souffle court, je repose le grand couteau dans le tiroir à couverts, que je referme doucement. Je n'ai pas pu. Ce n'est pas encore pour cette fois.

L'une des rares personnes auxquelles je pourrais être tentée de me confier est le docteur Rioux, un petit homme nerveux au crâne rasé et à la peau mate. Il vient régulièrement ausculter l'un ou l'autre d'entre nous : cette maison n'est-elle pas peuplée d'invalides ? Il semble que Maupin soit atteint d'un cancer du poumon. Ma mère passe la moitié de son temps terrassée par de terribles migraines. Quant à moi, je suis devenue fragile, en particulier des intestins. Or, j'ai confiance dans la rigueur un peu sèche du docteur Rioux et j'envisage, petit à petit, de lui révéler ma situation. Je le devine bien placé pour intervenir en ma faveur. Et puis, un jour...

De violentes douleurs à l'aine m'ayant surprise à l'école, le docteur Rioux m'ausculte dans le bureau de la directrice, sur un divan. Soudain il baisse ma culotte et commence un toucher rectal. L'examen peut se justifier, mais à l'époque, je n'en sais rien. Interloquée, je me dis que cet homme en qui je mettais tous mes espoirs est en train d'abuser de moi – et avec la bénédiction des responsables de l'école ! Je rumine : « C'est bien ce que je pensais. Tous ces gens ne sont pas plus fiables que Maupin et ma mère... » Mon horizon vient de s'obscurcir un peu plus. Jamais encore je ne m'étais sentie seule à ce point.

Le docteur Rioux a diagnostiqué un début d'appendicite, mais personne ne se soucie de me faire soigner. Le soir-même, à la maison, je constate avec inquiétude que mes selles sont rouges. Cependant, rebutée par l'examen du matin, je préfère ne pas en parler. Si bien qu'à sa visite suivante, le docteur me trouvera au bord de la péritonite et décidera de me faire hospitaliser d'urgence.

– Il n'y a pas moyen de faire autrement ?

– Non, non, c'est l'hôpital tout de suite.

Ma mère soupire, mais elle m'accompagne, rejointe par Maupin. Derrière leur attention crispée, je décèle bien autre chose que de la sollicitude : l'un comme l'autre ont tout simplement peur que je ne parle. Et c'est pour éviter que je les dénonce qu'ils me surveillent d'aussi près.

– Va te dégourdir les jambes, propose ma mère à son mari (de plus en plus malade lui-même). On va se relayer auprès d'elle.

Lui ne répond pas. A croire qu'il n'a même plus confiance en Suzanne. Pendant les deux heures que dure l'attente, grillant l'un et l'autre cigarette sur cigarette, ils enfument la petite chambre où l'on m'a placée avant l'opération. Je tousse, ce qui me fait très mal, mais ils continuent de fumer – en tout cas jusqu'à la visite du chirurgien. Car, à peine entré dans la chambre, le vieux monsieur ouvre en grand la fenêtre pour aérer la pièce et s'emporte :

– Bon sang, mais qu'est-ce que c'est que cette fumée ?

Et, toisant les deux coupables :

– Vous êtes complètement irresponsables, ma parole ! Allez fumer dehors ! Ouste !

– Mais...

– J'ai dit dehors !

Maupin est vexé, mais n'ose pas répliquer. Ma mère le suit dans le couloir, non sans adresser au chirurgien un drôle de sourire gêné. Au fond de moi, je me réjouis : c'est la première fois que quelqu'un ose toiser mes tortionnaires. Je voudrais sauter au cou du vieux praticien, l'embrasser, lui dire que je l'aime. Même ses réprimandes me font chaud au cœur :

– Tu ne pouvais pas leur dire, aussi, que la fumée te gênait ?

Je hausse les épaules, imperceptiblement. Je suis déjà décidée à passer le plus de temps possible dans l'enceinte protectrice de l'hôpital. Quitte à mentir sur mon rétablissement. Quitte à passer mon thermomètre sous le robinet d'eau chaude, afin de faire monter un peu le mercure...

« Vous êtes encore trop faible pour rentrer chez vous. On verra ça demain. » Je sais qu'on n'est pas dupe de mes petites manœuvres. Mais le personnel soignant, qui ne peut ignorer mon angoisse à l'idée de rentrer à la maison, a visiblement choisi de jouer le jeu. C'est donc un complot tacite entre nous, une entente muette en vue de retarder mon inexorable départ. Seulement le retarder.

7

Nos visites chez Caro avaient pris un tour si régulier que j'en étais venue à intégrer ma marraine dans le cercle de mes intimes, à côté de mon mari, de mon fils et de ma fille. Sans son acharnement à cacher nos relations à Olivier, je veux croire qu'elle aurait fini par habiter chez nous pour de bon. Ma marraine nous parlait du passé plus volontiers qu'au début, évoquant à ma demande ses premiers liens avec Suzanne :

– On n'a pas tout de suite été voisines de palier, me dit-elle. Au départ, on habitait dans des immeubles qui se faisaient face. On se saluait par la fenêtre... A cette époque, Suzanne était encore une chic fille et il nous arrivait de parler de la pluie et du beau temps, d'échanger des recettes de cuisine...

Caro souriait à l'évocation de ce passé qui avait tant d'importance à mes yeux.

– Elle m'a dit qu'elle était tombée amoureuse d'Olivier rien qu'en voyant des photos de lui.

Quand je prononçai le nom de son fils, ma marraine se rembrunit légèrement.

– C'est vrai, répondit-elle en se forçant. À cette époque, Olivier ne passait pas souvent à la maison. Il était marié depuis peu. Un jour, il est venu nous rendre visite. Suzanne l'a aperçu par la fenêtre et je crois qu'elle a tout fait pour le séduire.

Un regard trouble, puis :

– C'est un peu plus tard que nous sommes devenues voisines de palier.

– Vous dites que votre fils était marié, intervint Claude. Est-ce que sa femme était au courant de sa liaison avec Suzanne ?

– Je ne sais pas... Tout cela est tellement compliqué !

Quand elle se laissait aller à la confidence, Caro paraissait le regretter aussitôt... Ne vivait-elle pas dans la crainte permanente d'une indiscrétion ?

Les mois passant, le cercle des personnes admises dans le secret s'élargit. Ainsi, en entrant chez Caro un dimanche, j'eus la bonne surprise de rencontrer Christophe, le frère cadet d'Olivier.

– Il a su que tu allais venir, il a voulu t'attendre, me confia sa mère, le regard empli d'une tendresse inquiète.

– Alors comme ça, enchaîna Christophe d'une voix râpeuse, voici notre Cathy !

Il me dévisageait :

– C'est vrai qu'il y a un air de famille...

De mon côté, je m'efforçais de faire coïncider le visage buriné du nouveau venu avec certain souvenir bien vague de mon enfance. A plus de quarante ans, le dernier fils de Caro paraissait marqué par la vie.

– Tu te souviens de Cathy ? lui demanda-t-elle pour la forme, lorsqu'elle eut estimé que nous avions passé assez de temps en communion silencieuse.

– Oui... Mais je ne pensais pas qu'elle deviendrait aussi jolie...

Un clin d'œil à Claude et :

– C'est qu'elle est plutôt pas mal, ma nièce !

Par la suite, nous devions revoir Christophe de temps à autre. Il nous reçut même chez lui, près de Narbonne. J'étais une de ses nièces, cela ne faisait aucun doute à ses yeux, et il m'accueillait avec autant de chaleur et de simplicité qu'une parente proche. Sans accabler son frère, il ne manquait jamais une occasion de déplorer son attitude.

– Entre nous, m'a-t-il souvent répété, si j'avais une fille comme toi, je la reconnaîtrais tout de suite – et plutôt deux fois qu'une !

Il m'arriva d'approfondir avec lui certains sujets qui me tenaient à cœur :

– Tu te souviens de cet accident de voiture qui a failli vous coûter la vie, à Olivier et à toi, quand j'étais petite ?

Christophe fronça les sourcils. Apparemment, il ne voyait pas de quoi je voulais parler.

– Un accident de voiture ? Non, tu dois confondre...

Il ajouta :

– Mon frère a failli mourir, c'est vrai. Mais je n'étais pas avec lui ce jour-là.

– C'était en quelle année ?

– En 1969. Sa voiture a quitté la route et fait plusieurs tonneaux. Il est resté à l'hôpital quelque temps...

– Je me rappelle être allée lui rendre visite avec Caro. Et j'ai toujours pensé que c'est toi qui occupais le lit d'à-côté...

– Non, Cathy. Il y avait peut-être un passager avec lui, mais honnêtement, je ne sais plus qui c'était.

Même s'il ne les fuyait pas vraiment, les questions de ce genre paraissaient l'ennuyer et il gardait toujours un vin de pays ou quelque vieil alcool à nous faire déguster en guise de diversion.

*

Les souvenirs de mon enfance chez ma mère et Maupin donnent, je m'en rends compte à présent, le sentiment d'un calvaire incessant. Sans vouloir atténuer cette impression, il me faut reconnaître que certains moments m'ont aussi laissé des souvenirs agréables. C'est par exemple le cas de ces matinées d'été passées sur l'étang de Mallebrègue avec le père Benoît.

Ce Provençal d'adoption, déjà âgé, est un ami du père de Maupin. Il m'a toujours eu en sympathie et, plus ou moins conscient de ce que je subis, s'arrange pour que je profite au mieux de mes promenades en sa compagnie. Aussi les pêches estivales me sont-elles peu à peu devenues synonymes de casse-croûte et de repos.

– Ne mange donc pas si vite, petite Catheline ! Tu risques de t'endormir comme un loir trop bien nourri...

Rien à craindre : je ne m'endormirai pas. Un œil rivé à nos lignes, j'attends le moindre à-coup pour bondir – prête à tirer de l'eau ces poissons dont la découverte, au bout de l'hameçon, me remplit d'une jubilation intense.

– On peut dire que tu aimes la pêche, toi au moins !

Ce n'est pas la pêche que j'aime, monsieur Benoît. C'est vous, avec votre bon sourire et vos casse-croûtes copieux !

Si le brave homme passe le plus clair de son temps sur les eaux calmes du petit lac, c'est qu'il y a connu ses plus grandes joies. Son métier s'y prête assez : il possède et dirige une petite entreprise de tressage du rotin. Pour quelques francs la gerbe, Maupin contribue à son approvisionnement. Le ramassage des grandes tiges de roseau n'a rien d'une sinécure : il se pratique de préférence tôt le matin ou tard dans la soirée, c'est-à-dire aux heures où le soleil est le plus supportable. Pieds nus dans les roseaux piquants et coupants, il faut alors trancher les tiges près du sol et les assembler en faisceaux de plusieurs dizaines, lié chacun par des fils de fer – un labeur pénible, auquel participe parfois Maupin, et plus rarement Didier. Quant à moi, j'y suis affectée presque chaque jour de la belle saison, sans qu'on tienne compte de mon état de fatigue. Quand Maupin est là, le travail avance plus vite, mais il s'amuse alors à me fouetter avec les grandes tiges, si bien que je préfère encore y aller seule.

Aux heures les plus chaudes (il est fréquent que la température dépasse les quarante degrés à l'ombre), la tâche que l'on me confie est en apparence moins harassante – en apparence seulement. Il s'agit de ramasser ce que l'on appelle chez nous des « cacalousos » : de petits escargots tout blancs, vendus sur le marché neuf francs le kilo, dont raffolent les volailles et notamment les canards. Le travail en pleine chaleur est pénible, mais je m'en acquitte toutefois de bon cœur, car j'y vois un moyen d'échapper, pour quelques heures, à l'enfer de la maison.

J'ai mon coin pour les « cacalousos ». Je l'ai repéré toute seule, sur une rive peu accessible. J'y descends l'âme légère, parmi les ajoncs desséchés, non loin du fleuve en souffrance. Là, je remplis mes seaux d'escargots minuscules, plus blancs que des boutons de nacre. C'est le lieu de mes évasions, le décor de mes fantaisies débridées. Ici, je suis une princesse des Mille et Une Nuits couverte d'étoffes précieuses. Je rencontre le prince charmant, un cavalier superbe qui parfois me prête son cheval. J'ai des enfants, de beaux enfants aimés, choyés, cajolés, des bambins qui ne peuvent même pas se faire une idée de ce que sont la peur ou la douleur...

Je m'invente un feuilleton avec ses personnages de conte, ses intrigues de petite fille, ses grandes tirades. Je ne l'abandonne, à la fin de ma cueillette, que pour mieux le retrouver le lendemain ou quelques jours plus tard. Tant que mon esprit vagabonde, je ne vois plus les escargots ni les ajoncs ou le Rhône, et tout baigne dans la lumière éclatante d'un bonheur à perte de vue...

Parfois, le songe vient à la rencontre de ma vie réelle : pourquoi ne serais-je pas, vraiment, une enfant au destin hors du commun ? Après tout, j'en sais trop peu sur mes origines pour ne pas être amenée à les rêver. Et pour commencer, qu'est-ce que je sais de mon père ? J'ai plusieurs fois entendu ma mère affirmer qu'il ressemblait au chanteur Daniel Guichard. De la copie au modèle, le pas est vite franchi pour une ramasseuse d'escargots blancs... Mon imagination s'enflamme : et si, finalement, j'étais bien la fille du chanteur, une enfant encombrante qu'il aurait eue avec une admiratrice de passage ? Je me glisse sans peine dans la peau de cette héritière négligée, oubliée peut-être, abandonnée à une famille indigne d'elle et d'où son illustre papa la tirera dès que sa carrière le lui permettra... C'est cela. Plus j'y pense et plus je m'en convaincs : je suis la fille de Daniel Guichard. Tout s'explique : mon goût pour la Camargue et les Gitans, mon sens du rythme et de la musique et, surtout, ce caractère hors du commun qui, non seulement me permet de résister à tout, mais encore m'assure le succès dans les situations périlleuses.

A l'école, la nouvelle a vite fait le tour des préaux.

– C'est vrai ce qu'on dit ?

– Quoi donc ?

– Tu es la fille de Daniel Guichard ?

– Ah ça... Bien sûr que c'est vrai. Même qu'un jour, mon père, il viendra me chercher pour m'emmener vivre avec lui.

– Daniel Guichard ?

– Oui.

– Le vrai ? Tu crois qu'on le verra par ici ?

– Ça, je ne peux pas te dire... Tu sais, il a sans doute mieux à faire qu'à perdre son temps à l'école de Mallebrègue.

Et sur ces paroles un peu dures, je laisse mes camarades ébahis mais satisfaits d'avoir volé des confidences à la propre fille d'un chanteur dont ils ignoraient jusqu'à présent le nom...

*

Mon père. Mon vrai père. Depuis que son identité m'avait été révélée par Suzanne, je vivais dans l'attente de le voir, de lui parler. Je désirais surtout qu'il accepte de me rencontrer. Caro, mais aussi

Christophe, son frère et sa fille Olive m'apprenaient des détails sur la personnalité d'Olivier Magre. Tous les avis concordaient : non seulement Olivier refusait l'idée même de me rencontrer, mais le seul fait de prononcer mon nom devant lui suffisait « à le rendre malade », selon Olive.

– Tu veux dire que ça le met en colère ?

Elle marqua un temps d'arrêt avant de répondre, consciente de l'importance de son appréciation :

– En colère, non... Papa n'est pas un homme violent. Je le dirais même plutôt effacé... A la maison, ce n'est pas forcément lui qui commande, si tu vois ce que je veux dire. Non, quand on parle de toi, on dirait qu'il a honte.

Honte de moi – ou de lui ? Poussant plus loin mon avantage, je demandai à Olive qu'elle me donne les coordonnées de notre père, introuvables dans l'annuaire. Elle eut un mouvement de recul :

– Non, s'excusa-t-elle, c'est impossible. Il ne veut pas. Il me renierait à mon tour.

Mais pour quelle raison, Dieu du Ciel ? Que mon père refuse de me reconnaître, soit. Qu'il ait honte de m'avoir conçue, passe encore. Mais pourquoi ce refus de me rencontrer ?

– Parce que ton existence soulève un gros tabou. Voilà pourquoi.

Cette réponse, je la dois à Silou. La fille aînée de Caro nous avait reçus chez elle, alors que sa mère y séjournait pour la belle saison.

– Un tabou ! Tu sais ce que c'est, un tabou ?

Silou n'est pas à proprement parler quelqu'un de sympathique : blasée, ivre chaque soir, elle affiche partout son mépris des humains. Personne ne trouve grâce à ses yeux, sa mère pas plus que son demi-frère Olivier :

– C'est un con, résume-t-elle sans se faire prier. Ma mère aussi est une conne. Tous des cons !

Pour elle, je ne dois pas valoir beaucoup plus cher... Cependant, comme me le fit remarquer Claude, je revêts, de son point de vue, l'insigne mérite de gêner à peu près tout le monde.

– Ça, on peut dire que tu les fais tous chier !

Silou part d'un rire silencieux – un rire qui me rappelle celui de Maupin – et ajoute :

– Pauvre Olivier. J'imagine sa tête si tu le contactais directement !

– Tu me donnerais ses coordonnées ?

– Et pourquoi pas, après tout ? Ma petite poule, je sens que tu vas donner un gros coup de pied dans la fourmilière !

Nouveau rire sans timbre :

– Tu as de quoi noter ?

Je recueillis le précieux numéro, certaine que j'allais enfin pouvoir entrer en contact avec ce père qui refusait de m'entendre. C'était compter sans sa femme, qui filtrait les appels au téléphone et m'opposa un barrage digne des secrétaires les plus zélées.

– Si vous êtes la personne à laquelle je pense, me lança-t-elle, haineuse, dites-vous, une bonne fois pour toutes, que mon mari n'a rien à vous dire. Olivier a quatre filles. Point final. Quatre, vous m'entendez ? Pas cinq !

– Je ne dis pas le contraire. Je dis seulement que parmi les cinq, la fausse n'est pas celle que l'on croit.

Elle me raccrocha au nez – ce qui allait arriver

plusieurs fois les jours suivants. Quand je lui relatai mes déboires, Silou ne parut pas étonnée :

– Un vrai chien de garde, admit-elle. Pourtant, leur couple bat de l'aile. Il y a déjà pas mal de temps qu'ils font chambre à part. Et ton retour n'a rien arrangé. C'est bien simple : depuis qu'il sait que tu es sur ses traces, ton père ne vit plus. Il a fait un coup de grisou comme tu n'en as même pas idée.

– Mais pourquoi, enfin ?

– Le tabou, je t'ai dit.

– Quel tabou, Silou ?

Elle resta un moment pensive, avala une rasade de son mauvais whisky et reprit :

– Il y a quelque temps, sa femme s'est permis de faire à ton sujet une réflexion pas très sympa. Tu n'imagines pas comme il a pris la chose ! Il a explosé : « Arrête tes conneries, tu ne la connais même pas ! » Et pourtant, tu peux me croire, ton père n'est pas un habitué des éclats de voix !

Ces confidences alcoolisées me laissèrent perplexe. Silou disait-elle la vérité, ou forçait-elle le trait dans l'espoir de susciter je ne sais quelle vendetta ?

– Silou, écoute-moi. Est-ce que tu penses qu'un jour, mon père acceptera de me parler ?

Elle ne répondit pas et se contenta de répéter :

– Un sacré coup de grisou qu'il nous a fait, ton petit papa !

Il y a peu de temps, j'eus de nouveau une conversation au téléphone avec la femme d'Olivier Magre. Comme d'habitude, j'eus droit en préambule au laïus de circonstance :

– Enfin, madame, est-ce que vous admettrez un jour que mon mari n'a rien à voir avec vous ? Je ne sais qui vous a mis cette idée saugrenue dans la tête, mais ce ne peut qu'être une personne mal intentionnée.

Je me contentai de répondre par l'énoncé d'un certain nombre d'informations : des journalistes s'intéressaient à mon affaire et enquêtaient sur le sujet. Un livre était en cours de rédaction, qui relaterait l'ensemble des problèmes soulevés par mon enfance et tenterait de faire la lumière sur mes origines. Enfin et surtout, un grand avocat était saisi du dossier et allait faire en sorte que justice soit rendue.

– De toute façon, me dit-elle, j'ai pris depuis longtemps mes dispositions pour protéger les biens de mes filles. Vous n'aurez rien de ce qui leur revient de droit.

Je sentis clairement qu'au bout du fil, sa résistance commençait à fléchir :

– Mon mari est devenu fou, finit-elle par me confesser avec des larmes dans la voix. J'ai beau être sa femme depuis 1963, je n'arrive plus à lui parler sérieusement. Mais attention, je vous retire vos illusions tout de suite : vous non plus n'y parviendrez pas ! C'est un malade, vous comprenez ? Un malade...

– Vous parlez de mon père.

– Et alors ? Si j'ai envie de dire que votre père est un malade !

Volontairement ou non, elle était tombée dans mon piège : pour la première fois, elle-même ne remettait pas en cause la paternité d'Olivier. Je me serais satisfaite de cette victoire, mais elle crut bon d'ajouter :

– Vous avez tort de remuer ces vieilles lunes. Il y a des choses que vous ne devez pas savoir et, si vous insistez, elles finiront par vous retomber dessus.

J'avais souvent reçu cette mise en garde, depuis que Suzanne me l'avait elle-même lancée, lors de sa convalescence à la maison. Nous commencions à nous demander, Claude et moi, si le Milieu n'avait pas été mêlé de près aux circonstances de ma naissance. Après tout, nos investigations allaient peut-être aboutir à une piste trop dangereuse... A supposer, par exemple, que je sois l'enfant naturelle d'un gangster de renom, il était peut-être suicidaire de chercher à en savoir davantage. Peu m'importait ! Les progrès accomplis dans l'enquête depuis l'incident stupide de la féria de Nîmes m'incitaient à poursuivre dans cette recherche de la vérité. Même si je devais m'y brûler les yeux – ce dont j'étais de moins en moins convaincue.

*

Ma dangereuse expérience de l'arène ne m'a pas détournée de ma passion pour les taureaux. Les taureaux ! Rien que leur nom me donne des frissons. Ils sont forts, beaux, et je lis tant d'amour dans leur regard ! Car s'ils m'ont souvent terrorisée dans l'arène, je ne peux me défendre d'avoir toujours été attirée par eux. A la fois puissants et humiliés, supérieurs à ceux qui les maltraitent et raillés par la foule imbécile, ils partagent mon destin de fauve jeté aux loups.

Certes, taureaux et tauromachie ne sont pas les préoccupations d'une petite fille ordinaire. Mais je crains justement de ne pas être « une petite fille ordinaire ». Sans même parler du traitement qu'on m'a infligé et qui a remodelé mon caractère, je sens en moi un sentiment d'élection plus ancien, plus ancré – et c'est ce qui m'a toujours distinguée. Toute petite, je préférais déjà les franges du cow-boy aux tulles de la fée et le vélo à la corde à sauter... Ces goûts virils ne se sont pas atténués avec les années, au contraire : j'aime bien les petits chats et les poissons rouges, mais nettement moins que les taureaux.

A Mallebrègue, je passe mon peu de liberté au toril. Dans ces lieux sombres, sentant la paille humide et le musc, j'ai trouvé mon seul vrai refuge. Hors saison, quand le toril est vide, je reste de longs moments assise dans la paille, à l'abri de ceux qui me veulent du mal... Mais c'est quand les taureaux sont de retour que leur maison devient aussi la mienne. Seule ou avec d'autres enfants, j'arpente alors la passerelle qui surplombe leur fosse et d'où l'on peut, sans risque, les approcher de très près. Je leur parle, je les encourage – je me parle aussi...

Et dans le plein jour de l'arène, quand les razeteurs sillonneront la sciure pour esquiver les coups de corne, avec ferveur je prierai pour la vengeance du fauve. Qu'un taureau se défende mieux que les autres, qu'il parvienne à effrayer vraiment un de ses agresseurs en blanc, ou – mieux encore – qu'il réussisse à « l'empéguer » : mon cri de joie ne pourra tout à fait se confondre aux clameurs de la foule.

Un taureau n'est pas fait pour qu'on l'excite dans une arène, ni pour qu'on le lâche dans les rues, où des idiots viendront lui tirer la queue et lui piquer les flancs. Un taureau est fait pour vivre libre dans sa prairie, en pleine nature. Et moi, pour quoi suis-je faite ? La réponse me paraît évidente : pour vivre apaisée, m'épancher au sein d'une famille qui m'aime et que je puisse aimer.

– Seigneur, faites qu'un jour je sois heureuse !

*

Ma prière a été exaucée. La vie dont j'avais rêvé a commencé à prendre corps. Ainsi, le prince charmant est-il venu me chercher, avec un peu de retard sans doute, et il n'était pas à cheval – nul n'est parfait... Le prince de mes songes au bord du Rhône s'est incarné juste à temps pour me redonner confiance dans les pouvoirs du rêve. J'ai découvert avec lui que la vie pouvait être autre chose qu'une suite de souffrances. Il m'a appris que les riches étoffes et les joyaux de mes feuilletons n'étaient pas l'apanage des contes de fées... Quant à mes deux bambins, tellement plus adorables que les poupons de la petite princesse, ils sont et resteront les plus beaux témoins de mon épanouissement. De sorte que je puis remercier Celui auquel j'adressais mes prières, d'avoir entendu ma petite voix souffrante et accédé à ses demandes. « Seigneur, faites qu'un jour »... Le jour a fini par venir.

Ce fut l'un des apports de l'éducation de ma marraine que d'y ménager une place à la prière. Grâce à Caro, j'ai toujours cru en Dieu. Aux pires moments, j'ai continué de me sentir reliée à Lui. Je L'interrogeais à ma façon sur le sens de ce qu'on m'obligeait à subir. Et si je parlais souvent tout haut, c'est aussi parce que je m'adressais à ce confident invisible :

– Mon Dieu ! Aidez-moi, soutenez-moi !

Je n'ai jamais vu, en retour, se matérialiser d'élan secourable. Pourtant, je n'ai pas désarmé. « Le bon Dieu a autre chose à faire qu'à s'occuper de mes problèmes », voilà ce que je me disais – tout en conservant, intacte au fond de mon cœur, la foi qu'il en irait autrement.

*

L'église de Mallebrègue est un bel édifice baroque. Je passe devant plusieurs fois par jour et, lorsque ses portes sont grandes ouvertes, j'en aperçois les ors cachés, chatoyant dans le demi-jour. J'aimerais beaucoup m'y aventurer, mais ce serait faire à Maupin la plus grave des injures. Je l'imagine déjà, apprenant que je suis entrée m'agenouiller à l'église – il me tuerait peut-être.

Profitant d'une cérémonie d'enterrement, il m'est cependant arrivé de me mêler à la petite foule massée sur le parvis. Debout au coin d'un pilier extérieur, tout près du portail béant, j'ai tenté alors de m'imprégner des parfums qui s'en exhalaient. Je me suis pénétrée de la certitude que dans cette église étaient à l'œuvre les forces de lumière qui finiraient par détruire le climat de peur et de maladie où se complaisaient Maupin, ma mère et les leurs. Ces forces lumineuses sont mes alliées.

Quand j'ai demandé à ma mère l'autorisation d'assister aux cours de catéchisme, elle m'a répondu :

– Le caté, c'est pas pour les enfants de ton genre.

Les « enfants de mon genre », pour aller au bout de sa pensée, sont ceux dont les parents appartiennent aux ténèbres.

*

– Ça te fait plaisir d'être de retour à Mallebrègue ?

– Tu sais, Claude, il y a une chose qui me ferait encore plus plaisir. Seulement, j'ai peur que ça t'ennuie.

– Dis toujours.

– Je ne suis jamais entrée dans l'église du village. Je n'avais pas le droit, tu comprends ?

Mon mari grimpa les marches du parvis et poussa le lourd battant ouvrant dans le portail. Puis il me tira doucement à l'intérieur. Un parfum d'encens mêlé à l'odeur du bois ciré m'émut. Le prêtre était en train de célébrer la messe du soir devant une poignée de fidèles. Je me tins à l'écart du petit groupe : ignorante du rituel de la liturgie, je ne sais jamais quels gestes accomplir, ni quelles paroles prononcer.

– Que c'est beau, Claude !

– C'est vraiment la première fois que tu entres ici ?

– J'en ai si souvent eu envie !

Merci, mon Dieu, de m'avoir permis de trouver la Lumière.

8

La mère de Suzanne, mourante, me réclamait à son chevet. Il fallait à tout prix qu'elle me parle. « Viens vite, avait insisté Didier au téléphone. Elle ne passera pas la journée. » Mon frère en était venu à vivre dans l'ombre de Suzanne, au point de jouer les émissaires dès qu'elle avait un message à me faire parvenir.

Je me rendis toute affaire cessante à Nîmes, où l'on avait fini par hospitaliser Maria Caroli. Mais quand je parvins au seuil de sa chambre, elle venait de rendre l'âme – je le compris aux regards de ceux qui encombraient le couloir. Il était juste midi. Mon cœur se serra : je ne saurais donc jamais quels secrets la vieille femme emportait avec elle, ni quel mystère elle avait eu l'intention de me révéler sur son lit de mort.

– Elle ne vous a rien transmis pour moi ? demandai-je quand la famille se fut aperçue de ma présence.

Suzanne me foudroya du regard :

– Elle devait avoir des soucis plus urgents.

La grand-mère Caroli, comme nous l'avions toujours appelée, laissait cinq enfants derrière elle, dont Suzanne, sa préférée. Tous se trouvaient ce jour-là dans le couloir aseptisé de l'hôpital : je reconnus, se soutenant mutuellement, Monique et Chantal, Marc et Gérard. Julien, le mari de Chantal, avait accouru lui aussi, amenant sa propre mère, amie et confidente de la défunte – une grosse femme qui fixait le mur devant elle, comme une aveugle.

– Vous arrivez trop tard, me dit-elle quand je passai à sa hauteur.

J'aurais pu prendre sa remarque pour une vérité de La Palice. Mais je sentis qu'elle exprimait un regret plus profond. D'ailleurs elle ajouta :

– Maria avait tant de choses à vous dire.

La mère de Julien vivant chez son fils et sa belle-fille, je me promis d'aller, un jour ou l'autre, lui demander des précisions, ce qui pour l'heure n'était pas de mise. Je saluai les frères et sœurs de Suzanne. Tous m'embrassèrent poliment, Monique et Gérard m'accordèrent même un sourire. La famille de Suzanne a toujours marqué ses distances à mon égard. Pour le « clan », comme l'appelait Claude, je faisais figure de personne à part – pour ne pas dire de « pestiférée ». Monique avait bien tenté quelques ouvertures, dans le passé. Peine perdue : le clan n'avait pu m'admettre en son sein. Au mieux Gérard avait-il consenti, à une époque d'ailleurs pas si lointaine, à me considérer comme une amie, mais jamais comme sa nièce. Pourquoi ?

– Peut-être parce que tu n'es pas sa nièce, tout simplement ! me lança un jour mon mari.

Pour toutes sortes de raisons, l'hypothèse méritait qu'on s'y arrête : et si, après tout, Suzanne n'avait pas été pas ma véritable mère ? Elle m'avait reconnue et avait organisé mon transfert chez elle, soit. Mais cela prouvait-il qu'elle m'ait mise au monde ? A les reconsidérer, les propos fielleux de Babette Maupin contenaient peut-être une vérité : « Cette putain-là ne peut pas être ta mère». L'idée ne me choquait pas, au contraire. Sans rien excuser, le fait que je n'aie pas été sa fille aurait rendu l'attitude passée de Suzanne plutôt moins monstrueuse à mes yeux. «Sa fille.» Elle-même n'avait jamais prononcé ce mot en parlant de moi.

Le soir où Claude m'orienta sur cette nouvelle piste, je me remémorai une phrase qu'une des sœurs de Suzanne, Monique, avait prononcée lorsque j'étais enfant : «Par moments, on pourrait croire que tu es bien ma nièce». La remarque avait dû me paraître étrange sur le coup – assez en tout cas pour que je la conserve, intacte, dans un coin de ma mémoire. Une autre incise devait me revenir par la suite, et son auteur était la grand-mère Caroli. «Tu vois, avait-elle lancé à Suzanne un jour où elle devait se plaindre de moi, celle-ci n'est pas ta fille et pourtant, plus tard, c'est la seule sur laquelle tu pourras compter.»

«Celle-ci n'est pas ta fille.» Il fallait que j'en aie le cœur net. Je composai le numéro de Suzanne, bien décidée à obtenir une réponse définitive à cette question primordiale. J'attaquai sans aucun préambule :

– Je sais pourquoi ma naissance ne t'a laissé aucun souvenir.

– Ah oui ?

– Oui. C'est tout bêtement que tu n'es pas ma mère.

Bref soupir de son côté, puis :

– Qu'est-ce que tu es encore allée chercher ?

Nous restâmes sans parler un moment. C'est moi qui rompis le silence :

– Dis-moi si tu es ma mère, oui ou non !

– Catheline. Tu devrais arrêter de te poser toutes ces questions. Sincèrement.

Je compris qu'une fois de plus, elle refuserait de me répondre. La confirmation m'en fut apportée le lendemain par Didier : sur un ton grandiloquent, celui que j'avais toujours appelé « mon frère » me mit en garde au téléphone : « Si tu continues à délirer, il va t'arriver des bricoles ». Menaces dérisoires, mais répétées avec assez d'insistance dans les jours qui suivirent pour justifier néanmoins une enquête de police.

Afin de forger mon intime conviction, je devais recueillir d'autres témoignages, collecter d'autres indices. C'est alors qu'intervint un élément tout à fait nouveau et que je n'avais même pas sollicité.

A la fin d'un déjeuner chez Chantal, l'autre sœur de Suzanne, je ne sais plus qui eut l'idée d'ouvrir une boîte à chaussures pleine de photos, pour la plupart écornées et jaunies. Un cliché retint mon attention : on y voyait Suzanne, assise dans un lit contre un gros oreiller, tenant dans ses bras un nourrisson à la chevelure déjà brune. Didier, Liliane et Christelle ayant toujours été blonds, je crus d'abord que la photo me représentait bébé, dans les bras de ma mère :

– C'est moi, ça... dis-je en tendant le cliché à Julien.

– Fais voir... Non, ce n'est pas toi, Cathy... C'est le petit Yannick.

– Le petit Yannick ?

Je jetai à Claude un regard intrigué, consciente que notre enquête allait progresser :

– Quel Yannick ?

Ma tante Chantal semblait passer un mauvais moment :

– Ah... Tu ne le sais peut-être pas, mais Suzanne a eu un enfant qui est mort en bas âge... Il devait avoir un ou deux mois quand il a disparu...

– Moins que ça, précisa la mère de Julien, qui n'avait rien perdu de l'échange.

Je restai sidérée :

– J'aurais donc eu un autre frère ? Mais quand est-ce qu'il est né ?

– Après Liliane, je crois... dit Chantal.

– Oui, confirma sa belle-mère. Entre Liliane et Christelle.

– Et il était brun ?

– Tout à fait.

Sur le coup, je ne pus tirer toutes les conclusions auxquelles devait conduire une telle révélation. C'est seulement plus tard, alors que j'en reparlais avec Claude, que le jour se fit dans mon esprit :

– Mais alors... Si un petit Yannick est né après Liliane et avant Christelle, il n'y a plus de place pour moi !

– Tu es sûre ?

– Enfin, Claude ! Liliane et Christelle ont moins de trois ans de différence. En admettant que les quatre grossesses aient été très rapprochées, elles n'auraient tout de même pas pu tenir en si peu de temps !

– Ce qui veut dire...

– Ce qui veut dire que je ne serais pas la fille de Suzanne. Mais alors, de qui ?

– C'est peut-être ce que voulait te révéler la grand-mère Caroli avant de mourir.

A l'issue de ce même déjeuner, je m'étais arrangée pour me trouver un moment seule avec la belle-mère de Chantal – la mère de Julien, si l'on préfère. J'étais allée la trouver dans la cuisine où elle faisait la vaisselle. Je me mis à essuyer les assiettes qu'elle venait de rincer. C'est elle qui, la première, fit allusion au passé :

– Tu ne le sais peut-être pas, Cathy, mais quand tu étais toute petite, je t'ai gardée chez moi quelque temps.

– Vous étiez ma nourrice ?

– Si tu veux, oui. Et l'on peut dire que tu en as eu, toi, des nourrices ! Maria Caroli aussi s'est occupée de toi un moment. Et nous n'avons pas été les seules...

– Les autres, c'était qui ?

– Je ne me rappelle pas bien. Je sais que tu as été trimballée pas mal. Tu étais surtout chez Maria, en fait. Pauvre Maria !

Elle se signa. Je repris :

– Le jour de son décès, vous m'avez dit qu'elle avait des choses à me révéler...

La grosse femme ne cilla pas. Sans trahir de gêne particulière, elle rinça soigneusement un plat, qu'elle disposa ensuite dans l'égouttoir :

– Dommage que tu sois arrivée si tard, ce jour-là.

– Je n'avais pas été prévenue avant.

– C'est bien le malheur. Maria voulait te voir, c'est vrai.

– Et qu'est-ce qu'elle voulait me dire ? Elle a eu le temps de vous en parler ?

La mère de Julien avait trop fréquenté le Milieu pour ne pas avoir appris à tenir sa langue. Surtout en matière de secrets de famille.

– Ce n'est pas à moi de te dire quoi que ce soit, Catheline. Je regrette que Maria n'ait pu le faire, sans doute. Mais de moi, tu n'apprendras rien.

Quand je lui rapportai ces propos, Claude explosa :

– La vieille carne !

Quant à moi, j'avais plutôt le sourire, car je savais désormais que le tabou évoqué par Silou existait bel et bien et que le clan Caroli en connaissait la nature. Restait à forcer certain barrage.

De tous, le plus facile à circonvenir me paraissait être Gérard, le jeune frère de Suzanne. Je me faisais fort, pour peu que nous le fréquentions assez, de lui extorquer quelques vérités jusque-là bien cachées. Je pensais qu'il finirait par craquer, or il le pensait aussi. C'est sans doute ce qui le maintint à distance dans les mois qui suivirent la mort de sa mère. Et quand le hasard nous mit enfin en présence, mon jeune oncle s'arrangea pour détourner la conversation sur des détails moins gênants :

– En 1976, me dit-il, c'est moi qui ai contacté la DDASS pour qu'on te place en foyer.

– Tu as fait ça ?

Sur le coup, la révélation me fit l'effet d'un baume.

– Ainsi, c'est toi qui m'as tiré de cet enfer ?

J'embrassai Gérard de tout mon cœur. Il se rengorgea et, grand prince, s'employa mollement à minimiser ses mérites :

– Tu sais, Cathy, je ne risquais plus grand-chose : José était déjà très malade, à cette époque.

– Quand même, insistai-je. Je te dois presque la vie, mon cher Gérard.

Mais j'ajoutai :

– Quel dommage que tu ne les aies pas dénoncés plus tôt !

– « Dénoncés », le mot est trop fort.

En y repensant par la suite, je me suis demandé jusqu'à quel point je devais prêter foi à cette revendication de courage de la part d'un homme dont ce n'est pas la vertu principale. Et, au risque de paraître injuste envers celui qui prétend avoir mis un terme à mon martyre, je n'ai jamais pu arrêter d'opinion définitive sur le sujet.

En tout cas, le but de Gérard avait été atteint ce soir-là : je ne lui avais plus parlé de Suzanne, ni des circonstances mystérieuses de ma naissance.

*

Le cancer de José Maupin progresse chaque jour, lui retirant peu à peu ses forces. A le voir amaigri, le teint cireux et le regard éteint, on n'imagine pas quel homme brutal et imposant il était encore quelques mois plus tôt. Cependant, la maladie n'a pas entamé son appétit charnel, au contraire : il vit sous l'empire d'une insatiable frénésie sexuelle. Je dois le rejoindre de plus en plus souvent dans sa couche, mes caresses manuelles et buccales doivent se faire plus insistantes et durer plus longtemps. Il me sodomise tous les jours, voire plusieurs fois par jour.

Heureusement pour moi, ce régime intenable est interrompu par les séjours fréquents qu'il doit effectuer à l'hôpital, afin d'y suivre un traitement aux rayons. Trois jours par mois, puis cinq – bientôt une semaine entière...

En son absence, je m'efforce chaque fois de reprendre courage, mais l'annonce de son retour me replonge toujours dans un désespoir plus terrible.

– Commande une ambulance, m'ordonne ma mère. Je vais chercher papa à l'hôpital.

Elle doit sentir que l'idée de le voir revenir à la maison me terrorise, car elle m'en parle plusieurs jours à l'avance. Et sur le point de partir le chercher, soudain inquiète :

– Tu ne bouges pas d'ici, me dit-elle, je compte sur toi.

– Bien sûr...

En fait, sitôt Suzanne sortie, j'improvise un plan d'évasion. Liliane, jouant les petites dames, semble absorbée par son feuilleton télévisé. J'en profite pour monter dans la chambre, choisis quelques vêtements que je fourre très vite dans un sac, puis je redescends à la cuisine et récupère les quelques provisions qui me permettront de survivre. Un couteau suisse, une lampe de poche et des chaussures de rechange viennent compléter mon équipement.

Maintenant je dois m'assurer que la voie est libre. Le seul obstacle, c'est Liliane : ma sœur – sans doute a-t-elle reçu des consignes en ce sens – me surveille en effet du coin de l'œil...

– Tu ne tiens pas en place, Cacate.

– C'est vrai, ça me rend nerveuse de savoir qu'il va rentrer.

Ma sœur hausse les épaules :

– Viens regarder la télé. Pour une fois que personne ne t'en empêche...

Je me morfonds : chaque minute qui passe réduit en effet la distance que je vais pouvoir mettre entre eux et moi... Mais soudain, alors que je ne l'espérais plus, le moment favorable se présente : Liliane vient de s'éclipser aux toilettes... La voie est libre.

Le cœur battant, je ramasse mon balluchon et ouvre, sans faire de bruit, la porte donnant sur la rue déjà sombre. Au moment où je passe la tête dehors, j'aperçois, au coin du pâté de maisons, les phares de l'ambulance. Trop tard ! J'ai juste le temps de rebrousser chemin et de vider le sac pour que Suzanne ne se rende compte de rien.

– Qu'est-ce que tu fabriques, avec ces fringues ? me demandera ma sœur en refaisant surface.

Question de pure forme, à laquelle elle n'attend pas de réponse. Déjà, par la fenêtre, nous parviennent les éclairs bleutés du gyrophare.

– Les voilà ! Ils ont fait vite, aujourd'hui !

Si Liliane est devenue l'œil du tsar, Didier essaie quant à lui de manifester un semblant d'indépendance. Nos rapports sont devenus ambigus : en temps normal, il me traite comme sa bonniche, mais il nous arrive aussi de rire ensemble, de chahuter un moment ou de nous battre par jeu.

– T'es aussi forte qu'un garçon, me dit-il.

Serrant mes poignets de toutes ses forces, il me plaque contre le mur de la chambre.

– Tu te crois costaud ?

D'un coup de reins, je le déséquilibre – mais il se jette sur moi de plus belle et me coince entre deux pans de murs. Il fait semblant de vouloir m'étouffer et en profite pour se coller à moi. A travers son jean's, ce que je sens alors me fait ouvrir de grands yeux – je viens de réaliser que si Didier joue, ce n'est pas au même jeu que moi...

– Salaud !

Je lui assène un coup de genou dans les parties et le repousse de toutes mes forces. Il s'effondre sur son lit.

– Obsédé ! Tu me dégoûtes, tiens !

Je quitte la chambre en lui crachant dessus. A cet instant précis, je crois que, si je disposais d'un marteau bien pointu, je tenterais une récidive... Je devais avoir quatre ou cinq ans le jour où j'ai tenté de défoncer le crâne de mon frère. A l'époque, je n'avais eu aucune raison pour agir de la sorte – c'est en tout cas ce qu'auraient dit les personnes non averties. Les autres auraient compris que mon pressentiment était justifié et que j'avais eu raison de me venger à une époque où il m'était encore possible de le faire...

Aussi étonnant que cela paraisse, je n'ai pas vraiment eu conscience de ma chance le jour où une assistante sociale s'est présentée à la maison – profitant, je crois, d'un séjour de Maupin à l'hôpital... Il fait très beau ce jour-là, chaud même. Ma mère porte une blouse légère pour tout vêtement. L'envoyée de la DDASS, une femme d'âge mûr aux cheveux roux foncé, demande à me parler. Mais ses questions me paraissent dénuées de sens et je ne comprends pas l'objet de sa visite. Ce n'est que plus tard, quand elle reviendra à deux reprises, que je commencerai à espérer.

– Vous allez être placés dans un foyer pour quelque temps, nous annonce enfin Suzanne, un matin de septembre.

Elle justifie la nouvelle par la maladie de son mari. « Papa est trop malade, vous comprenez ? »

Christelle se met à pleurer. La pauvre est tellement sotte que je me demande parfois si ce n'est pas sa seule protection contre l'atmosphère malsaine de la maison.

– Et on reviendra quand ? demande-t-elle.

– Le plus tôt possible, ma chérie.

Je ne sais pas encore si j'aurai la chance de faire partie des réfugiés mais, au fond de moi, j'en fais le serment : pour peu que l'occasion me soit offerte d'échapper à cette fosse, ne serait-ce que quelques jours, je ferai en sorte ne n'y jamais retomber.

Comme dans un rêve, la dame rousse se présente l'après-midi-même pour m'emmener avec elle à Nîmes.

– Tu as dit au revoir à ta mère ?

– Oui, oui...

En fait, Suzanne s'est arrangée pour disparaître avant les adieux. La voiture démarre et nous quittons bientôt Mallebrègue. Pendant le trajet, c'est tout juste si j'ose respirer normalement. Il me semble que je vis un rêve et que le moindre de mes mouvements risquerait de tout faire s'évanouir : je me réveillerais comme avant, prisonnière de Suzanne et de Maupin, et j'en serais quitte pour une correction sévère... L'assistante sociale me dit quelques mots, de temps en temps, et je lui réponds machinalement, par courtoisie. Cependant, je ne parviens pas à me détendre.

Le foyer de la DDASS est un ancien couvent, dans le centre de la ville. La voiture en franchit la porte cochère et s'arrête dans une cour fermée par de hauts murs et entourée de bâtiments anciens. La dame rousse me conduit vers celui du fond, dont la fraîcheur me surprend. Nous montons deux étages et traversons des couloirs dépouillés, jusqu'au dortoir des « G3 » – les pensionnaires de mon âge. Personne n'est encore rentré de vacances et le dortoir est entièrement désert. Tout est propre et sent bon la cire. Ma guide me conduit jusqu'au box du fond, à gauche : une petite chambre de quatre lits.

– Tu peux choisir celui qui te convient le mieux, me dit-elle. Les autres pensionnaires n'arriveront que lundi.

J'opte pour le premier à gauche, en entrant.

– Installe tes affaires et rejoins-moi en bas, au secrétariat, quand tu seras prête.

Puis elle me fait un signe amical et tourne les talons. Je m'assieds au bord du lit et ouvre de grands yeux sur ce qui m'environne : tout est tranquille, accueillant même. J'éclate en sanglots. Ça y est, ça y est, c'est terminé. Je n'ai plus rien à craindre, c'est fini. Je ne mangerai plus d'oignons, c'est fini. Je ne serai plus violée, on ne me frappera plus, on ne me tirera plus les cheveux, on ne me fera plus lever la nuit pour me rouer de coups, me pincer jusqu'au sang, me faire avaler des ordures... C'est fini, tout ça, fini.

Le sentiment de paix et de soulagement qui m'envahit est suffocant. Je dois faire des efforts pour ne pas étouffer. Pour la première fois de ma vie, je ne cherche pas à retenir mes larmes. Leur écoulement salé sur mes joues, frais et mouillé le long de mon cou, est une bénédiction. Je me sens heureuse comme jamais auparavant – et je voudrais que cela ne finisse plus.

Je ne peux oublier ce que je dois à l'assistance publique – et ce, en dépit des duretés de la vie en foyer, où jalousie et mesquinerie ne tarderont pas à devenir quotidiennes.

Avec l'arrivée des autres pensionnaires, le climat se détériore en effet. Dès le tout premier jour, une de mes camarades se jette sur une réserve de pochettes en plastique que j'avais dénichées dans un coin :

– Qu'est-ce que tu veux faire de ça ?

– Je sais pas, ça peut toujours servir.

– Mais tu sais ce que c'est ?

Éclatant de rire, la fille en attrape une poignée et les fait voler dans la chambre :

– Regardez ! La nouvelle a besoin de tampons !

C'est ainsi que j'apprendrai, rouge jusqu'aux oreilles, à quoi ressemble un sachet hygiénique.

Pour autant, les vexations du foyer me paraissent bien anodines, en regard du régime des six dernières années. Or je ne peux oublier Mallebrègue, pour la bonne raison qu'on m'incite fortement à m'y rendre en visite le week-end. Ainsi faudra-t-il encore que, chaque samedi midi, mon arrivée soit saluée par un Maupin qui décline maintenant à vue d'œil :

– Te voilà, ma Cacate ! Tu m'as manqué !

Qu'on ne se trompe pas sur le sens de ce cri du cœur : depuis mon placement au foyer, je n'ai plus fréquenté la chambre du malade. Il doit se contenter de ma seule présence, ce qui me coûte déjà assez.

Un dimanche, profitant de l'absence de Suzanne, il fera mine de m'approcher d'un peu trop près. La scène se passe dans la cuisine :

– Bas les pattes, Maupin !

Frémissant de colère, mâchoires serrées, je le défie de tout mon être.

– Allons, Cacate, tu sais bien que je t'aime...

– Ferme ta sale gueule, tu veux ?

Surprise, je le vois alors se précipiter sur moi. Seulement, je ne suis plus la même, les récents événements m'ont rendu mon assurance. J'ai retrouvé, en même temps que la sécurité, cet ascendant naturel qui, face à Maupin, n'avait encore jamais pu s'exprimer. Je l'arrête d'un coup dans le ventre et le repousse violemment contre les portes du placard :

– Tu me fais vomir, Maupin ! Rien que de te voir, ça me rend malade !

– Cathy ! Ma Cathy !

Et pendant que je quitte la pièce, je l'entends qui gémit, effondré au sol : « Je n'ai jamais aimé que toi, tu le sais bien... » Ses sanglots devraient me réjouir : ils me glacent.

Au moins l'altercation m'a-t-elle servi de leçon : en rentrant à Nîmes, je prends la résolution de ne plus aller à Mallebrègue le week-end. Mais c'est compter sans Liliane, qui maintenant vit elle aussi au foyer, dans la section « G4 » :

– Tu descends, samedi ? me répète-t-elle toute la semaine. Il faut que tu descendes !

– Non je ne « descends » pas.

– Maman veut savoir pourquoi.

– Elle a peur qu'on lui sucre ses « allocs » ? Je m'en fous, j'y vais pas.

– Qu'est-ce que je vais leur dire, moi ?

– Dis à Maupin que je veux plus voir sa trogne !

Finalement, le travail de sape mené par Liliane va porter ses fruits et, le samedi suivant, nous arrivons bien à Mallebrègue ensemble. Liliane monte la première les quatre marches du perron et embrasse Maupin, plus livide que jamais. Quand j'arrive à mon tour sur le seuil, il m'envoie sans prévenir une gifle sonore, si forte qu'elle manque de me faire basculer...

Cette fois, c'en est trop. Sans même répliquer, je fais demi-tour et rentre à Nîmes par le premier autocar. Désormais, une chose est certaine : plus jamais je ne reviendrai chez Suzanne et son mari. Dès le lundi matin, j'obtiens un rendez-vous avec le directeur du foyer.

– Essayez de vous montrer plus conciliante, me dit-il en début d'entretien.

Mais, après lui avoir tout expliqué :

– Vous avez raison, conclue-t-il, il faut vous montrer ferme.

Ferme, il le sera lui aussi : il s'arrange en effet pour que les allocations familiales me revenant soient versées, dorénavant, sur un compte à mon seul usage. Et, n'en déplaise à ma pseudo-sœur, je ne « descendrai » plus pour le week-end.

Une vie nouvelle commence pour moi, à peine plus agréable, en réalité, que la précédente. Et encore plus violente. Je raconterai peut-être un jour les invraisemblables tribulations de mon adolescence... Pour lors, au foyer de Nîmes s'organise ma réadaptation à un monde dont certaines des règles m'échappent encore. Je dois réapprendre à manger normalement, à ne pas voler tout ce qui passe à ma portée, à établir avec autrui un minimum de contacts. Surtout, je dois m'habituer à ne pas me cacher, d'instinct, derrière mon bras, dès que quelqu'un fait un mouvement près de moi.

Jamais je ne devais revoir Maupin. Un an environ après l'ultime gifle, Suzanne prendra la peine de me téléphoner au foyer :

– Catheline, c'est grave. Papa va très mal, il va mourir.

– Tant mieux, dis-lui que ça me fait plaisir.

– Enfin Catheline ! Il a besoin de toi, tu le sais. Il réclame beaucoup ta présence !

– Tu es là, toi...

– Il s'en fiche bien, de moi ! C'est toi qu'il veut voir.

– Eh bien dis-lui que je ne lui ferai pas cette joie. Je souhaite qu'il crève, et la gueule ouverte, si possible.

Sur quoi je raccroche. La semaine suivante, on m'apprend qu'il est mort – et, paraît-il, en prononçant mon nom. Mon éducateur me conjure de me rendre à ses obsèques.

– Moi, à l'enterrement de ce salaud ? Tu veux rire ?

L'on m'y conduira pourtant, presque de force. Je verrai même une couronne de fleurs payée sur mes deniers, entourée d'un joli bandeau mauve : « A mon cher Papa » – ce qui déclenche en moi un fou rire insurmontable. Il n'empêche : en voyant la bière de José Maupin s'enfoncer dans le caveau de sa famille, je ne peux me défendre d'un sentiment aigu de frustration : ainsi mon tortionnaire a-t-il échappé à la justice des hommes. Cette idée me révulse. Et, tandis qu'on me ramène au foyer ce soir-là, je sens encore son sexe dur s'enfoncer en moi. Honte. Douleur.

Paix à son âme.

Après l'enterrement, toute la famille s'est retrouvée dans la petite maison de Mallebrègue. J'embrasse les uns par politesse, j'évite de saluer les autres – à commencer par Liliane, dont je sais bien qu'elle déteste mes entorses au protocole familial.

– Et moi, tu ne me fais pas la bise ?

– Non, sans façon.

Ma réponse la fige de stupeur. Soudain très blanche, elle explose :

– Je vais la crever ! hurle-t-elle en serrant les poings. Je vais la crever !

Plusieurs cousins et parents s'interposent. Mon oncle Gérard m'entraîne à l'extérieur :

– Il faut la comprendre, me dit-il, faussement conciliant. La pauvre est très éprouvée nerveusement.

Je ne réponds pas. A mes yeux, Liliane et Christelle appartiennent déjà au passé. Comme la maison des mauvais souvenirs, dont Suzanne ne tardera pas à se faire expulser...

J'appris en effet quelque temps plus tard que, le soir même des obsèques, alors que son mari venait tout juste d'être porté en terre, le père de Maupin l'avait surprise au lit avec un inconnu. Outré, le bonhomme l'avait jetée à la rue sans délai, avec défense de reparaître devant lui.

Il venait de réaliser, sur le tard, que cette bru impérieuse était capable du pire. La perversité de cette femme ! Je suis sans doute la mieux placée pour en témoigner. A moi, elle n'a rien épargné. Jamais. Or, plus de vingt ans après, elle non plus n'a pas payé pour ses crimes.

Elle est en vie à l'heure où j'écris ces lignes.

Suzanne Caroli – qui, en réalité, porte bien sûr un autre nom – continue à mener sa piètre existence, tant bien que mal et sans que personne ne lui ait encore demandé des comptes. Jusqu'à aujourd'hui. Car grâce à Claude et à mon avocat, je sais que justice sera bientôt faite. En attendant, je lui dédie ce livre. Et lorsque le premier exemplaire sortira de chez l'imprimeur, je le lui adresserai, dans une petite boîte en recommandé – avec deux oignons crus.

9

– Reprenons depuis le début. Un dernier effort de mémoire... Ta marraine a reçu des photos de son fils Olivier en militaire. Elle les montre à Suzanne, qui trouve le jeune homme à son goût. A l'époque, Olivier Magre est marié depuis peu et ne vit donc plus chez sa mère. Mais il vient parfois dire bonjour. Lors d'une de ses visites, il séduit la voisine d'en face et devient bientôt son amant. Nous sommes en quelle année ?

– Je t'en prie, Claude, pas de devinettes...

– Oh, c'est simple. Olivier s'est marié en 1963 et cela se passe peu après son mariage. Disons donc fin 1963, début 1964. Or, neuf mois plus tard vient au monde un enfant qui, contrairement à ses frère et sœur, est tout brun !

– Je croyais que je n'étais pas la fille de Suzanne.

– Ce n'est pas de toi que je parle, Cathy, mais du petit Yannick. Le petit Yannick, fruit des amours interdites de Suzanne et Olivier ! Seulement cet enfant-là meurt en bas âge, à deux mois paraît-il. On peut même penser qu'il n'a pas été jusque-là.

– A présent, je vois où tu veux en venir. Tu vas m'expliquer qu'un nourrisson – moi, en l'occurrence – aurait pris la place d'un autre dans les bras de Suzanne.

– Un nourrisson, pas vraiment car, à mon avis, tu étais née, toi, depuis déjà pas mal de temps. Souviens-toi de ce que t'a dit Suzanne, quand tu lui as demandé l'attitude de ton père pendant la grossesse.

– Mais enfin, Claude ! Puisque Suzanne n'est pas ma mère !

– Ça ne l'empêche pas de témoigner ! Selon elle, ton père n'a pas suivi la grossesse...

– Et pour cause, il n'était pas là !

– Tu te rappelles où il était ?

– D'après Suzanne, il était sous les drapeaux, en Algérie.

– Nous y voilà ! La guerre d'Algérie s'est achevée en mars 1962, Cathy. Les dernières troupes ont quitté ce pays en août. Soit plus de deux ans avant la date officielle de ta naissance !

– Attends : tu serais en train d'insinuer que j'ai deux ans de plus que mon âge ?

– C'est une possibilité. Cela expliquerait, notamment, la raison pour laquelle les pages des registres scolaires ont été arrachées à Mallebrègue : tu devais y être inscrite avec deux ans de plus. Réfléchissons, Cathy. Imaginons que tu sois née, non le 9 janvier 1965, comme il est écrit sur les registres de l'état civil, mais le 9 janvier 1963, par exemple. Cela voudrait dire qu'à l'époque de ton enlèvement, en décembre 1971, tu avais près de neuf ans et non sept... Or, ton comportement alors est bien celui d'une fillette de neuf ans. De même, cinq ans plus tard, quand tu te retrouves au foyer de la DDASS, ton attitude s'explique mieux si tu as quatorze ans que si tu en as douze. Qu'est-ce que tu en dis ?

– J'en dis... J'en dis que ça m'ennuierait de prendre deux ans d'un coup !

– Ça t'ennuierait, mais ça ne te semblerait pas impossible.

– Non...

– Pour ma part, cela me paraît même très vraisemblable.

– Mais dis-moi : c'est Dany Parodeau qui m'a reconnue. Pourquoi le premier mari de Suzanne aurait-il couvert cette mascarade ?

– Pour débarrasser tes vrais parents d'une enfant gênante, tout simplement. Si tu veux mon avis, on ne savait que faire de la petite Catheline à sa naissance. La mère de Julien te l'a avoué : « On peut dire que tu en as connu, toi, des nourrices ! » Pendant deux ans, le bébé que tu étais a dû passer dans pas mal de mains...

– Et notamment dans celles de la grand-mère Caroli, Maria. Quel dommage qu'elle soit morte avant d'avoir pu parler !

– Nous devons nous contenter de ce que nous savons et qui d'ailleurs me paraît suffisant.

J'essaie de faire un instant le vide dans mon esprit. Une douce lumière inonde les murs enduits de chaux du vieux mas. La manade Depays est isolée au cœur de la pampa camargaise, hors d'atteinte du tumulte des affaires humaines. Ici tout est simple, tout est beau : le craquèlement de la terre trop aride aux bords des étangs asséchés, le balancement des hautes herbes ondulant sous le vent chaud, le vol erratique des papillons et celui, plus prévisible, des flamants...

– Claude, il y a une chose que je ne comprends pas : si je suis née avant le mariage d'Olivier Magre, en quoi étais-je gênante pour lui ?

– Je n'en sais rien. Peut-être que ta naissance risquait de compromettre son mariage. Cela dit, je n'y crois pas : il ne faut pas oublier, tout de même, que la première chose qu'ait faite ton père en se mariant a été de reconnaître l'enfant d'un autre. J'en conclus qu'il avait besoin de se marier. Mais, si c'était le cas, pour quelle raison ? Peut-être espérait-il étouffer un scandale. Celui de ta naissance, par exemple.

– En quoi ma naissance était-elle scandaleuse ?

– Mystère, Cathy. Pour le comprendre, il faudrait savoir qui était ta mère. Seulement là, comme dirait Silou, nous touchons à un tabou...

– Je pense que certains savent.

– Je le pense aussi. Quant à nous, nous en sommes réduits aux suppositions.

– Et tu supposes quelque chose de précis ?

– Ce n'est qu'une supposition mais... je trouve... je trouve que tu ressembles étrangement à Caro.

– Normal, c'est... la mère de mon père...

– Oui.

J'imagine qu'il a fallu du courage à Claude pour avancer cette hypothèse. Il m'en fallut en tout cas pour la recevoir. Je restai un long moment dans l'hébétude, la tête soudain très vide. J'avais l'impression que la foudre m'avait traversée et que ma conscience s'était cassée net. Embarrassé, mon mari me demanda comment il pouvait m'aider et je ne pus que lui dire d'attendre. Car les idées s'agençaient peu à peu dans ma tête d'une façon nouvelle. Comme par enchantement, l'hypothèse de Claude, aussi dure et coupante, mais aussi pure et lumineuse que le cristal, me paraissait tout expliquer, tout libérer.

Bizarrement, la première image qui me revint fut celle de Gabriel Bontemps. Je le voyais, mon cher gros parrain, lui qui contait si bien les histoires et commandait si fort aux ouvriers, au centre de toute l'affaire. « Il n'était pas le dernier pour arranger des coups, avait dit de lui Maurice Aubier. Il trouvait toujours une solution aux situations compliquées. » Si Claude voyait juste, alors Gabriel avait eu à résoudre un problème à sa mesure : parler de « situation compliquée » serait un euphémisme, « problème insoluble » convient mieux.

J'aurais pu rejeter en bloc une idée aussi audacieuse. Au contraire, je pris d'emblée le parti de l'accepter comme une possibilité et de la passer à l'épreuve des faits.

J'admis donc qu'Olivier, pendant une permission en 1962, avait pu mettre sa propre mère enceinte. Pour une raison quelconque, Caro ne se faisait pas avorter et accouchait, au début de l'année 1963, d'une petite fille brune : moi. Bien entendu, personne ne déclarait cette enfant née de l'inceste. Et Gabriel Bontemps, mari dévoué de Caro, trouvait des nourrices parmi ses nombreuses connaissances.

Démobilisé, Olivier rentrait au pays pour constater les dégâts et cherchait à se marier pour étouffer la rumeur – quitte à reconnaître un enfant dont il n'était pas le père. Pendant ce temps, la petite Catheline continuait à passer de nourrice en nourrice... Ensuite ? Si j'en crois Caro, son récent mariage n'empêchait pas mon père de séduire la voisine d'en face. De cette relation entre Olivier et Suzanne allait naître un fils, Yannick, à la fin de l'année 1964. De santé fragile, le nourrisson mourait en bas âge.

C'est alors que Gabriel Bontemps « arrangeait un coup », selon l'expression de son neveu. Sans doute contre une belle récompense, il proposait au mari de Suzanne, son employé Dany Parodeau, de déclarer l'enfant – moi – à la place de celui qui venait de mourir. Et je me retrouvais ainsi, « nouveau-né » âgé de deux ans, fille légitime de M. et Mme Parodeau. Plus rien ne s'opposait dès lors à ce que mon parrain et ma marraine, institués tuteurs légaux, m'accueillent chez eux et m'élèvent comme leur enfant – une enfant d'autant plus choyée qu'eux-mêmes n'avaient pu en avoir ensemble. Tout se tient.

Lancés au galop sur des chevaux de Camargue, nous patrouillons, au milieu d'un groupe de gardians, sur des terres attenantes à la manade. Devant nous, le bétail soulève une poussière épaisse en se déplaçant. Un homme vient de repérer un taurillon, un peu à l'écart du groupe des adultes. L'animal fait partie de ceux qu'il conviendra de marquer à l'occasion de la fête des Saintes.

Une manœuvre habile permet de s'en approcher au plus près et de l'attraper au lasso. Très vite, deux gardians sautent à terre et immobilisent le petit taureau, tandis qu'un troisième s'approche en courant pour lui agrafer une marque à l'oreille. Sans descendre de cheval, je m'approche pour ne rien perdre de la scène, tout en veillant à ne pas gêner les opérations. Claude me rejoint.

– Tu ne m'as pas dit que c'est Caro qui avait jeté ton père dans les bras de Suzanne ?

– Si. J'entends encore la voix de Suzanne : « C'est sa mère qui nous a fait nous rencontrer, forcément : elle voulait à tout prix que je couche avec son gamin. » Pourquoi me demandes-tu cela ?

– Vois-tu, Cathy, je crois que nous ne sommes pas au bout de nos surprises. A mon avis, Suzanne a été manipulée.

– Manipulée ?

– Oui. Imagine que Suzanne ait été victime d'un arrangement de ton parrain. Gabriel était tellement soucieux de te trouver des parents légaux ! Olivier séduit Suzanne et la met dans une situation délicate en lui faisant un enfant. Gabriel propose d'« arranger le coup » : contre une belle somme, Dany Parodeau reconnaîtra l'enfant adultérin. Sauf que l'enfant sera remplacé très vite par la petite Catheline, qui va sur ses deux ans et n'a toujours pas d'existence légale.

– C'est affreux, ce que tu racontes... Mais alors : qu'est devenu le petit Yannick ? Est-ce qu'il est vraiment mort ? Ou bien est-ce qu'il a été abandonné quelque part ?

– J'imagine que sa mère pourrait répondre à ces questions. Ce qu'elle a vécu a dû être terrible : être privée de son enfant conçu dans l'amour et lui voir substituer un enfant étranger, conçu dans l'inceste. Mets-toi à sa place !

– Attention, Claude ! Là-dessus, je ne te suivrai pas très loin.

Quelle qu'ait pu être en effet la douleur de Suzanne, cela n'excuse rien. Que mon parrain, ma marraine et mon père se soient mal conduits avec elle (ce qui n'est encore qu'une hypothèse), que sa haine pour ces trois personnes n'ait dès lors plus connu de limites – rien de cela ne justifie le traitement qu'elle fit supporter, des années durant, à une enfant innocente. Je veux bien me « mettre à la place » de Suzanne pour imaginer les souffrances qu'elle a pu endurer, mais sûrement pas pour justifier celles qu'elle m'a infligées. Si mon calvaire a été sa vengeance, elle avait mal choisi ses instruments.

Or c'est bien de vengeance qu'il était question – vengeance dont nous commencions seulement à reconstituer l'engrenage.

Au départ, José Maupin avait été payé pour surveiller Suzanne. Mais payé par qui ? Par Dany Parodeau, soudainement las des infidélités de sa femme ? Il paraît plus probable que le commanditaire ait été mon parrain lui même : Gabriel Bontemps avait besoin de Maupin pour intimider une Suzanne dégoûtée et fortement encline au chantage.

C'est là que « la Cèpe » commit une erreur. En effet, Maupin n'a pas dû mettre longtemps à comprendre qu'il tirerait bien plus d'avantages à faire chanter Bontemps qu'à le servir loyalement – un mot dont il ne saisissait même pas le sens. Retournement d'alliance : Maupin et Suzanne menacèrent bientôt Gabriel de révéler le pot-aux-roses s'il ne satisfaisait pas à des conditions que j'ignore. Et pour disposer d'un otage, ils mettaient sur pied mon transfert et m'emmenaient chez eux à Seules – avec l'accord bien contraint de mon parrain ! Je l'imagine, pauvre Gabriel, la mort dans l'âme, acquiesçant d'une voix sans timbre à la disparition de sa petite princesse.

– Mais alors, ce serait pour échapper à ce chantage qu'il aurait mis le cap sur la Corse ?

– On peut le croire. Les exigences de Maupin devaient devenir impossibles à satisfaire. Pour Gabriel, la décision de te laisser entre leurs mains a dû être un crève-cœur.

– Pourtant il l'a prise.

– Il n'avait peut-être pas le choix. Après tout, Maupin était lié au grand banditisme. Il faudra vérifier si votre déménagement à Mallebrègue coïncide avec le départ de ton parrain pour la Corse...

– Une chose est certaine, en tout cas : c'est qu'à Mallebrègue, Maupin raclait les fonds de tiroirs. Ce n'est pas un hasard si nous habitions des maisons appartenant à son père, ni s'il me faisait couper du rotin et ramasser des escargots.

– « Puisque l'otage ne nous sert plus à rien, autant qu'elle nous rapporte un peu d'argent... »

– Je leur servais à quelque chose : j'étais leur souffre-douleur, le passe-temps favori d'un couple de maîtres-chanteurs ratés. Finalement, quand la DDASS m'a récupérée, ils ont dû être plutôt débarrassés.

– Quel gâchis ! Quelle misère d'un bout à l'autre ! Tu comprends, maintenant, pourquoi ton père n'est pas fier de lui ?

Oui, Claude, je le comprends – je ne le comprends que trop. A supposer que les événements se soient passés comme nous les avons reconstitués, Olivier Magre et sa mère, Marthe Rolin, seraient à l'origine d'une tragédie familiale. A la source : le grand tabou, la transgression de l'interdit suprême. Le reste est plus anecdotique et s'appuie sur la filouterie de Gabriel Bontemps, la perversité de Suzanne Caroli, le sadisme de José Maupin – et la complicité muette de tous les autres...

A tous, la vérité devait paraître indicible. Cependant, rien n'existe qui ne puisse être dit. Je suis peut-être la fille de ma grand-mère. Drôle de phrase... Pourtant je viens de l'écrire et l'univers ne s'est pas écroulé. Tout finit par être dit.

Ce que j'aimerais savoir à présent, c'est ce qu'il est réellement advenu du « petit » Yannick. Je serais si heureuse de retrouver un – vrai – demi-frère !

Nous écumons la pampa à l'affût de nouveaux taurillons à marquer. Nos chevaux sont aussi blancs que le bétail est noir. Le vent chaud nous enveloppe. Je suis bien, je ne pense plus à rien... Une pointe de galop, un grand cercle autour du troupeau. Nous repérons une mère sur le point de mettre bas.

Mon existence s'appuie aujourd'hui sur quelques certitudes : j'aime mon mari, j'aime mes deux enfants – j'aime la vie. Je commence à mieux savoir comment l'appréhender. J'aime aussi le Sud – mon Sud – et je conserve intacte ma passion pour les taureaux. Je ne me lasserai jamais de les voir gambader librement sur leurs terres... Le toril est loin, l'arène aussi. Ici, la vie se déploie dans sa plénitude.

J'ai toujours su qu'un jour, je serais libre.

Aubin Imprimeur
LIGUGÉ, POITIERS

Reproduit et achevé d'imprimer en avril 1999
N° d'édition 99053 / N° d'impression L 58070
Dépôt légal mai 1999
Imprimé en France

ISBN 2-7382-1205-0
33-6205-0